NERDIKON

STEFANIE MÜHLSTEPH

NERDIKON

DIE FABELHAFTE WELT DER NERDS UND GEEKS

MIT ILLUSTRATIONEN VON JANA MOSKITO

SCHWARZKOPF & SCHWARZKOPF

Inhalt

Vorwort: My 127.0.0.1 is my castle 7

1. Nerds sind wie Rock´n´Roller –
   nur ohne Musik, Ruhm und Sex 11

2. Und dann schuf Gott den Nerd,
   und er sah, dass es w00t war 19

3. Nerdmädchen –
   eine Liebeserklärung 29

4. Die IT ist eine Sie 33

5. 1338 – One Step Ahead
   of an Average Person 39

6. Bazinga! Oder: »The Big Bang Theory«
   und die echten Nerds 43

7. »The IT Crowd« und die Nerds
   Oder: Nerdistan und seine Bewohner 49

8. Nerd for Beginners 53

9. Der Nerd-Check 59

10. Des Nerds Liebstes von A bis Z 67

11. Das Leben hat eine geile Grafik! 209

Quiz – Der Nerd-o-Mat: Wie nerdig bist du? 211

Quellenverzeichnis 218

Lösungen Quiz 221

Anmerkungen 222

VORWORT

MY 127.0.0.1 IS MY CASTLE

»Hey, Sie, ›err = 00x3000‹.«
»Was?«
»›Err = 00x3000‹.«
»Ich verstehe nicht ganz.«
»Mein Android-Handy spuckt die ganze Zeit die Fehlermeldung ›err = 00x3000‹ aus. Und ich weiß nicht, was ich tun soll.«
»Sich ein iPhone kaufen?«
»Verschaukeln Sie mich nicht.«
»Und was soll ICH gegen die Fehlermeldung machen?«
»Sie sind doch ein Nerd, hexen Sie, tun Sie was!«

Dieser Dialog ist kein schlechter Scherz, sondern dem persönlichen Erfahrungsschatz der Autorin entnommen. Natürlich hätte sie der netten jungen Dame mit dem forschen Auftreten »Factory reset durchführen, erst CWM neu flashen und danach CM und Boot.img« raten können, aber diese hätte damit wohl genauso wenig anfangen können wie etwa 79 Prozent der restlichen Bevölkerung. Denn das ist kein Deutsch, sondern Nerdisch. Und Nerdisch sprechen (fast) nur Nerds und Geeks.

Und genau das wiederum ist der Punkt, an dem dieses Buch ansetzt: Es will dem Verständnis zwischen Nerd und Normalo (wenn es heutzutage überhaupt so etwas wie »normal« gibt) auf die Sprünge helfen.

Allerdings nicht nüchtern, objektiv und steif, wie man es von einem Sachbuch vielleicht erwartet, sondern humorvoll, mit einer Prise Ironie und mit ganz vielen zwinkernden Augen.

;-) ;-) ;-) ;-) ;-) ;-) ;-) ;-) ;-) ;-) ;-) ;-) ;-) ;-)

Denn wenn etwas langweilig ist, dann ein staubtrockenes, vorurteilsfreies Sachbuch, das ausschließlich mit Fakten um sich wirft – und überhaupt: Auch Nerds haben untereinander Vorurteile und kleine Auseinandersetzungen, wie du, lieber Leser, bald erfahren wirst. Denn Nerd ist nicht gleich Nerd – und vor allem ist er kein Geek.

Nerds und Geeks haben es in unserer Gesellschaft ohnehin schon schwer genug, Anerkennung zu bekommen – zumindest wenn sie nicht gerade Windows neu aufsetzen, Handys rebooten oder Mathematik und Physik erklären sollen –, also sollte zumindest ein ihnen gewidmetes Nachschlagewerk so beschaffen sein, dass es auch Normalbegabte (die sich nicht für einen gehäkelten Yoda oder einen Pappaufsteller von Seven of Nine das Shirt vom Leib reißen würden) in seinen Bann schlägt.

Ja, die Autorin häkelt in ihren freien Minuten Yoda-, Wookiee- und manchmal sogar Ewok-Püppchen – dies übrigens auch der Grund, warum sie von der eingangs zitierten Dame als Nerdmädchen erkannt wurde.

Wer jetzt allerdings Bekenntnisse wie aus der ProSieben-Sendung *Beauty & the Nerd* erwartet, den muss ich schon an dieser Stelle enttäuschen: Hier werden keine Nerds durch den Kakao gezogen. Hier wird niemand getrietzt und niemand fertiggemacht. Hier gibt es nur Spannung, Spaß ... und am Ende ein Quiz.

Denn der Nerd (Non Emotionally Responding Dude) ist weitaus mehr als jemand, der lieber strebsam lernt, als betrunken Party zu machen.* Ein Nerd ist jemand, der mit Leib und Seele eine Sache vertritt – selbst wenn alle über ihn lachen. Und deshalb sind Nerds Menschen, die wir in unserer heutigen Gesellschaft mehr brauchen, als wir es uns selbst eingestehen möchten.

---

* *Daher auch die (mutmaßliche) Wortherkunft: drunk (engl. betrunken) rückwärts gelesen = knurd [nɜːd]. Vgl. IEEE Spektrum, Heft 4/1995, S. 16.*

1
NERDS SIND WIE ROCK'N'ROLLER – NUR OHNE MUSIK, RUHM UND SEX

Nerds – jeder hat schon einmal einen im Fernsehen gesehen oder von einem gehört. Sie scheinen überall zu sein, und doch bekommt man nur selten eines dieser scheuen Wesen direkt zu Gesicht. Versteckt in ihren dunklen Kellergewölben, die nur durch das schummrige Licht eines Bildschirms erhellt werden, sitzen sie vor unzähligen Zeilen wild durcheinandergemischten Zahlen- und Buchstabensalats und ernähren sich von lauwarmer bis kalter Pizza, wahlweise auch von Chips, die mit einem großen Schluck Cola hinuntergespült werden. Nur wenn seine Nahrungsquellen versiegt sind, wagt sich der gemeine Nerd aus seiner sicheren Umgebung – oder wenn er andere Nerds im Rahmen ritueller Treffen besucht (LAN-Partys genannt).

Nerds sind meist schmächtig und besitzen eine fast schon leuchtende Kellerbräune, tragen Hornbrille (das inoffizielle Erkennungsmerkmal der Freimauer-Nerds) und sind unvorteilhaft gekleidet (mit Cordhose und kariertem Pullunder über dem gestreiften Hemd).

Es wird vermutet, dass ihr bizarres Aussehen der Grund dafür ist, dass Nerds über keinerlei soziale Kontakte, außer zu anderen Nerds, verfügen – es könnte aber auch an ihrer Unfähigkeit liegen, verständliche Sätze zu formulieren.

So – oder so ähnlich – könnte eine karikierende Beschreibung der Spezies Nerd aussehen. Doch wie immer ist auch hier ein Quäntchen Wahres dran, denn Nerds sind alles andere als Normalos. Sie kleiden sich nicht nur sonderbar, sondern besitzen auch eine eigene Art, zu sprechen und sich auszudrücken. Nerds sind einfach Sonderlinge, die nicht ins Weltbild passen. Oder vielleicht doch? Irgendwie?

Begeben wir uns zurück zu den Ursprüngen: In den Siebzigern verkörpern zwei Charaktere der US-Comedyserie *Happy Days* erstmals den gemeinen Nerd: die Zwillinge Eugene und Melvin Belvin, die dem heutigen Nerd erst sein Gesicht verpasst haben. Beide sind Brillenträger, werden von ihren Mitschülern gequält und haben keine Chance, bei den Mädchen zu landen, mit denen sie gerne ausgehen würden. Außerdem müssen beide in schöner Regelmäßigkeit Witze auf ihre Kosten einstecken.

Der Nerd war jedoch nicht immer der sonderbare Außenseiter, der für Lacher und witzige Szenen in einer TV-Serie sorgte, sondern wurde schon früher in Comics (und auch in Kinofilmen: 1940 *The Green Hornet* von Ford Beebe und Ray Taylor; dicht gefolgt von dem Zeichentrickfilm *Superman: The Mad Scientist* von Dave Fleischer) als Täuschung benutzt, um eine geheime Identität zu verdecken (Clark Kent alias Superman, Peter Parker alias Spider-Man). Oder er trat als Helfer in Erscheinung, der den Helden mit seinem technischen Verständnis und seiner Intelligenz unterstützt. Damals wurde jedoch der Begriff »Nerd« als solcher jedoch noch nicht benutzt.

In der *realen Welt* konstruieren Nerds weder Hilfsmittel für Superhelden, noch verkriechen sie sich in muffige Kellergewölbe, um sich leidenschaftlich unverständlichem Quellcode hinzugeben.

Der Nerd hat sich entwickelt. Er ist von einem Hänfling, den man in der Schulzeit an der Unterhose am Fahnenmast hisste, zu einem IT-Superhelden der Neuzeit geworden. Und einige Nerds haben sogar die Gegenwart, wie wir sie kennen, erschaffen.

DIE BERÜHMTESTEN NERDS

- Informatiker und Milliardär **Bill Gates**

- Apple-Gründer **Steve Jobs**

- **Linus Torvalds**, Programmierer und Urheber des Betriebssystems Linux. Zitat aus seinem Buch *Just for Fun*: »Ich war ein Freak. Ein Nerd. Ein Geek. Praktisch von klein auf. Ich habe meine Brille nicht mit Klebeband zusammengehalten, aber ich hätte es ebenso gut tun können, denn alle anderen Merkmale waren vorhanden. Gut in Mathe, gut in Physik, null soziale Kompetenz.«[1]

- **Steve Urkel** aus *Alle unter einem Dach*

- Facebook-Tycoon und Social-Media-Superhero **Mark Zuckerberg**

- **Wil Wheaton**, der schon in seiner Rolle als Wesley Crusher in der Science-Fiction-Serie *Raumschiff Enterprise: Das nächste Jahrhundert* einen Nerd verkörperte und 15 Jahre später in *The Big Bang Theory* als Antagonist von Dr. Dr. Sheldon Cooper einen erneuten Popularitätsschub erfuhr, mit dem er wahrscheinlich selbst niemals gerechnet hätte.

- **Sergey Brin** und **Larry Page**, die Gründer der größten Suchmaschine der Welt: Google

- Top-20-YouTuber und Held aller Gamer, der Angry Video Game Nerd **James Rolfe**

Doch die Entwicklung des Nerds ist längst nicht abgeschlossen. Er wächst weiter und in mancherlei Hinsicht sogar über sich hinaus – er arbeitet sogar an seinem Kleidungsgeschmack.

Nerds der Neuzeit tragen zwar teilweise immer noch Rollkragenpullover und Cordhosen (auch werden gerne Outdoor-Marken genommen, da diese funktionell sind – und darauf kommt es dem Nerd an), jedoch gibt es inzwischen auch mit speziellen Sprüchen oder Formeln bedruckte T-Shirts, die dem Nerd aus der Seele sprechen und die er sogar nutzt, um sich als Nerd kenntlich zu machen.

Auch sitzt der Nerd nicht mehr die ganze Zeit im Souterrain oder abgedunkelten Zimmer und hackt 24/7 Quellcodes in den Rechner; der Nerd hat sich Hobbys zugelegt wie LARP, Geocaching, Pen-&-Paper-Rollenspiele, Paintball, Slacklining und noch vieles mehr – Hauptsache ungewöhnlich.

Langsam, aber sicher ändert sich etwas am Image der Nerds. Dies haben sie nicht nur Supernerds wie Bill Gates oder Linus Torvalds zu verdanken, sondern auch TV-Serien, die den Nerd »in Mode« kommen lassen.

Das beste Beispiel hierfür sind die beiden Serien *The IT Crowd* und *The Big Bang Theory*.

Die britische Sitcom *The IT Crowd* dreht sich um die IT-Abteilung des fiktiven Unternehmens Reynholm Industries. Diese besteht aus den beiden realitätsfremden Computerfreaks Moss und Roy, die aufgrund der ständigen Konfrontation mit den IT-Problemen ihrer technisch unfähigen Kollegen frustriert sind und dementsprechend zynisch und boshaft auf ihre Umwelt reagieren. Leiterin der Abteilung ist Jen, die von Technik keine Ahnung hat und nur dank ihres frei erfundenen Lebenslaufs eingestellt worden ist.

Die bekanntere Serie ist allerdings *The Big Bang Theorie* – die mit den größten Klischees rund um Nerds spielt und sie eindrucksvoll zu inszenieren und zu feiern versteht: Die Figur des Physikers Dr. Dr. Sheldon Cooper, der mit 16 seinen ersten Doktortitel erhielt, ist der Abziehbild-Nerd schlechthin. Sheldon ist unbeholfen im Umgang mit anderen Menschen und äußerst überheblich, er fühlt sich allen anderen intellektuell überlegen – und zeigt ihnen das auch deutlich. Er hat – wie jeder ordentliche Nerd – ein ausgeprägtes Interesse an Videospielen, Science-Fiction und Comics. Zudem bewundert er Mr. Spock. Hingegen mangelt es ihm an Interesse für die »wirkliche Welt«, die in der Serie durch die Kellnerin Penny repräsentiert wird. So kann Sheldon zwar auf Anhieb komplexe mathematische Probleme lösen, doch er weiß weder, wer Madonna ist, noch kann er sich in Situationen, die er nicht kennt, zurechtfinden – und sorgt damit nicht nur für viele Lacher, sondern auch für ein besseres Verständnis des Nerds.

Der Physik-Nobelpreisträger George F. Smoot sagte über die Serie, dass er die sozialen Macken der Charaktere für »ein wenig

überzeichnet«[2] halte, aber bewundere, wie sie diejenigen vorstelle, deren Arbeit darin bestehe, schrankenlos zu denken. Und der Physiker und Astronom Phil Plait bestätigte, dass er Wissenschaftler kenne, die den fiktiven Charakteren »erschreckend ähnlich«[3] seien.

Jede Fiktion enthält also ein Quäntchen Wahrheit – erst recht bei Nerds. Und das Nerdtum wird salonfähig. Wer hätte das 1970 gedacht?

Aber was ist eigentlich ein NERD? Hier einige Hinweise, woran man einen Nerd noch erkennen kann (außer an Geruch und Aussehen):

- Ein Nerd ist jemand, der die Zugangsdaten seines Call-by-Call Providers auswendig kennt.

- Ein Nerd ist jemand, der Klempner für hüpfende Italiener und Weyland-Yutani für einen Weltkonzern hält und der bis in die späte Nacht grübelt, ob ein Sternenzerstörer der USS Enterprise NCC-1701-J technisch überlegen wäre.

- Ein Nerd ist jemand, der alle Betriebssysteme installiert und ausprobiert, seien sie auch noch so abstrus.

- Ein Nerd ist jemand, der ohne regelmäßige Koffeinzufuhr Entzugserscheinungen bekommt.

- Ein Nerd ist jemand, der über C-/Java-/PHP-Witze lacht.

- Ein Nerd ist jemand, der am Hexcode eines JPGs erkennt, welches Playmate das Bild zeigt.

- Ein Nerd ist jemand, der sich im Chat besser ausdrücken kann (;-), :-), @---´---,--, :3, ^^' und so weiter) als in einem »echten« Gespräch.

- Ein Nerd ist jemand, der nachts von Deanna Troi, Lara Croft, Seven of Nine oder Prinzessin Leia im Slave-Outfit träumt.

- Ein Nerd ist jemand, der SMS tippen kann, ohne auf die Tastatur des Handys zu schauen.

- Ein Nerd ist jemand, der Lob und Anerkennung von anderen Nerds will – Lob von Normalos ist ihm hingegen gleichgültig.

- Ein Nerd ist jemand, der ein MacBook Air oder Sony Vaio so sexy findet wie ein Normalo Angelina Jolie, Jessica Biel, Scarlett Johansson oder Kate Beckinsale.

- Ein Nerd ist jemand, der seine Comichefte in Folie einschweißen lässt.

- Ein Nerd ist jemand, der Denial-of-Service-Attacken lame findet.

- Ein Nerd ist jemand, der alle 13 Namen der Zwerge aus *Der Hobbit* auswendig aufsagen kann, ohne sich zu verhaspeln.

- 3in n3rd ist j3mand, d3r r3d3t nicht so 1337 wi3 3in L33tsp3ker.

- Ein Nerd ist jemand, der Quellcode für Belletristik hält.

- Ein Nerd ist jemand, der den Namen des letzen Tals von Tatooine weiß, aber keine aktuelle Klamottenmarke erkennen könnte.

- Ein Nerd ist jemand, der sich ohne Elektronik am Körper (Smartphone, Tablet, Laptop) nackt fühlt.

- Ein Nerd ist jemand, der immer und überall erreichbar sein muss – und ein schlechtes Gewissen bekommt, wenn er sich in einem Funkloch befindet.

- Ein Nerd ist jemand, der sich einen Chewbacca-Pappaufsteller in den Flur stellt und sein Wohnzimmer der USS-Enterprise-Brücke nachempfindet.

2

UND DANN SCHUF GOTT DEN NERD, UND ER SAH, DASS ES W00T WAR

Die Bezeichnung »Nerd« ist von *normal* denkenden und handelnden Menschen meist abwertend und abwehrend gemeint, wird aber von Nerds selbst als Auszeichnung gesehen – mittels derer die Exklusivität des Nerd-Seins demonstriert wird.

Dabei wird der Nerd (nach Wikipedia: Sonderling, Streber, Außenseiter, Fachidiot) gerne auch mit dem Geek (nach Wikipedia: Streber, Stubengelehrter) gleichgesetzt.

Nur werden Geeks nicht gerne Nerd und Nerds nur ungerne Geek genannt. Geeks sind Geeks und Nerds sind Nerds. Doch stellt sich die Frage: Wenn diese beiden Unterarten des Fachidioten unterschiedlich aufzufassen sind – worin besteht der Unterschied? Was macht einen Nerd zu einem Nerd und einen Geek zu einem Geek?

Der Begriff des Geeks ist älter als der des Nerds – zumindest nach Wikipedia (und alle Internet-User wissen: Wikipedia ist dein Freund, auch wenn Schulen, Universitäten, Lehrer und

Professoren etwas anderes predigen). Er geht auf das mittelniederdeutsche »geck« zurück und bezeichnete in früherer deutscher Wortgeschichte einen Narren oder Tor mit unstetem, flatterhaftem Verhalten. In Amerika wurden im 19. und 20. Jahrhundert Menschen Geeks genannt, die im Rahmen von spektakulären Beiprogrammen auf Jahrmärkten und in Zirkussen lebendigen Tieren den Kopf abbissen (Ozzy Osbourne wäre demnach ein Geek) – oder schlicht Menschen, die in Freak Shows auftraten (»Zwerge«, die »Frau mit Bart«, der »Zyklopenjunge«, die »Dame ohne Unterleib«, »Der stärkste Mann der Welt« und so weiter).[4]

Erst in den 1990ern wandelte sich der Gebrauch des Wortes »Geek«. Ein Geek ist seither jemand, der »was mit Computern« macht, im Gegensatz zum Nerd aber extrovertiert ist und nach Anerkennung sucht.

Um die Unterschiede zwischen Geeks und Nerds zu verdeutlichen, seien hier ihre typischen Charaktereigenschaften einander gegenübergestellt:

GEEK	NERD
Gehört zu den frühen Erstanwendern in Bezug auf Gadgets und Mode.	Extrem interessiert an oder fasziniert von wissenschaftlichen Fächern.
Ist eher extrovertiert.	Ist introvertiert.
Kann anmaßend und ausschweifend in seinen Erklärungen sein. Ist selbstironisch, was er durch entsprechende T-Shirt-Aufdrucke unter Beweis stellt.	Ist sozial gehandicapt.
Das Wissen reicht von Allgemeinwissen bis »Enzyklopädie auf zwei Beinen«.	Aufgrund seines großen Interesses an Science-Fiction, Fantasy, Computerspielen, Computersoftware, Computerhardware, Natur- und Geisteswissenschaften, Serien und Filmen (wie »Battle Star Galactica«, »Star Wars« oder »Star Trek«), LARP, Second-Life, Schach, Programmiersprachen et cetera besitzt der Nerd ein umfassendes »unnützes« Wissen und Fähigkeiten, die sich kaum jemand freiwillig aneignet.
Ist vom MacBook abhängig.	Ist vom PC abhängig.

> **MAN KANN ALSO ZUSAMMENFASSEN:**
>
> 🗨 Geeks sind smarte Hipster mit einem Faible für teure Gadgets und T-Shirts, die immer ein Statement hinterlassen müssen.
>
> 🗨 Der Nerd verfügt über ein umfangreiches Wissen, das er aber wegen seiner Unfähigkeit zur Interaktion nicht mit seinen Mitmenschen teilen kann.

Doch damit ist dem Unterschied noch nicht Genüge getan, denn auch in der Berufswahl unterscheiden sich Nerds und Geeks voneinander. Geeks sind kreativer als Nerds und werden eher: Web-Designer, IT-Fachmann, Social Media Manager oder Berater, Grafikdesigner, Spieleentwickler, Barista bei Starbucks oder Barkeeper – oder sie gründen eine Ich-AG.

Nerds hingegen verstehen ihren Beruf als Berufung und werden deswegen: Raketenwissenschafter (am liebsten bei ESA oder NASA), schrulliger Professor, Anwendungssoftwareentwickler, Ingenieur oder Naturwissenschaftler (Physik, Informatik).

Auf Wikipedia wird zwischen zwei Geek-Typen unterschieden: dem puristischen Geek und dem Gadget-Geek.

> 🗨 Der puristische Geek arbeitet am liebsten mit einer einzigen Kommandozeile – natürlich nur im Maschinencode – und setzt auf Open-Source-Mittel. Von allem, wofür man bezahlen muss, bekommt er Herpes und Hautausschlag.
>
> 🗨 Der Gadget-Geek hingegen begeistert sich für grafische Benutzeroberflächen, arbeitet am liebsten mit seinem Mac und interessiert sich für »technische Spielzeuge« – wie zum Beispiel das iPhone, das iPad oder den iPod (Hauptsache, das i fehlt nicht).

Wenn man eine Statistik aufstellen würde, welche Menschen »Geek« genannt werden wollen, sähe diese wohl so aus:

1. Die Autorin "Just call me Nerdine"
2. Ingenieur
3. Spieleentwickler
4. Blogger
5. Apple-User
6. Facebook'ler
7. Ich bin kein Hipster und erst recht kein Geek!
8. Arbeiter der IT-Branche
9. Popkulturliebhaber
10. Geek ist kein Kompliment?
11. Normalo

Die Statistik derer, die »Nerd« genannt werden wollen, hingegen lässt sich schlicht – und nur mit einem Satz – zusammenfassen: Maximal 24 Prozent der Menschen fühlten sich damit wohl, »Nerd« genannt zu werden. Ein ernüchterndes Ergebnis.

VIVA LA NERDOLUTION!

Der 13. Juli ist etwas Besonderes. Nicht nur, weil an diesem Tag Jean Paul Marat im Zuge der Französischen Revolution erstochen (1793), die Emser Depesche veröffentlicht (1970) oder Carl Friedrich Hindenburg (1741) geboren wurde.

Nein – am 13. Juli wird der Sei-stolz-ein-Freak-zu-sein-Tag gefeiert. Diesen Tag feiern nicht nur Geekers und Nerdisten, sondern auch Nerdines, Geek Girls, Bücherwürmer, Bloggerinnen, Indie Chicks, Dorks, Dweebs und Weirdos. Einfach alle Mädels der Gattung »absonderliche Stubenhockerin«, die auch ihre eigene Geek-Heldinnenverehrung haben.

BESONDERS PRÄGENDE WEIBLICHE VORBILDER DER NERDINES UND GEEK GIRLS SIND:

- Daria – Zeichentrick-Geek Girl: ein ebenso übermäßig intelligentes wie zynisches Teenagermädchen aus einem amerikanischen Vorort.
- Willow Rosenberg – die rothaarige Superhexe und Informatikbraut aus *Buffy – Im Bann der Dämonen*.
- Die Schauspielerin Zooey Deschanel, die gern auch mal mit *Star Wars*-Zitaten um sich wirft.
- Tina Fey, Komikerin (berühmt geworden durch ihre Sarah-Palin-Persiflage) und bekennendes Geek Girl.
- Die US-amerikanische Bloggerin Tavi Gevinson, die ihre Nerdbrille liebt und mit den Jahren vom schrillen Super-Nerdmädchen zu einer wahren Mode-Nerd-Queen mutierte.
- Die Fernsehmoderatorin Rachel Maddow, die sich nicht nur durch ihre nerdige Brille und einzigartige Lache als Nerd zu erkennen gibt, sondern ganz klassisch auch dadurch, dass sie über einen Ph.D. verfügt.
- Die Schauspielerin und Oscar-Gewinnerin Jennifer Lawrence in ihren Rollen als Katniss Everdeen (*The Hunger Games*) und Mystique (*X-Men: First Class*).
- Die durch ihre freakige, RPG-thematisierende Webserie *The Guild* sowie ihre Auftritte bei *Buffy*, *Dollhouse*, *Monk*, *Eureka* und *Supernatural* bekannte Felicia Day. Sie ist nicht nur studierte Mathematikerin, sondern bekam auch den

GreenLight Award, den YouTube Video Award und den Yahoo! Video Award für die beste Webserie. Auch in *Dragon Age II: Mark of the Assassin* kann man Felicia als mörderische Elbin entdecken. Ein echter New-Media-Geek!

- Die klingonisch sprechende Schauspielerin Rosario Dawson (*Sin City*).

- Die Moderatorin Olivia Munn, die laut eigener Aussage nur während einer ordentlichen Session *Call of Duty* oder *Assassin's Creed* entspannen kann.

- Fantasy-Fan, Piratin und Autorin Marina Weisband, die nicht nur Vampire mag, twittert und bei Facebook aktiv ist, sondern auch ausgiebig Fußspuren im World Wide Web hinterlässt – ein modernes, digitales Geek Girl, das die öffentliche Transparenz lebt und liebt.

- Die Schauspielerin Mila Kunis, grünhäutige Hexe aus *Die fantastische Welt von Oz* und Flash-Gordon-Kanonen-Liebhaberin. Sie spielt nicht nur leidenschaftlich gern *World of Warcraft*, sondern gestand sogar der *GQ* (Ausgabe: August 2011): »Ich bin ein totaler Trekkie. Als Teenager fing ich an darauf zu stehen, so mit 18, 19, 20. So um die Zeit herum. Ich fing später damit an als die meisten. Aber ich will davon gar nicht in der Vergangenheitsform sprechen. Ich bin immer noch ein *Star Trek*-Fan. Man hört damit niemals auf. Ich ging zu Star Trek Experience in Vegas in etwa vor fünf Jahren. Dort hing ich mit einigen falschen Charakteren in Quark's Bar ab. Es gab dort überall Schauspieler, die so taten, als ob sie verschiedene Charaktere von den einzelnen Sendungen seien. Ja, ich habe es geliebt.« Außerdem hat Mila ein originales

Autogramm von Leonard Nimoy (Mr. Spock). Na, wenn das kein Geständnis ist, das Trekkies gerne hören?!

🜨 Und last but not least ist Zoë Saldaña zu erwähnen (besser bekannt als Nyota Penda Uhura), die überaus stolz ist, ein Geek zu sein: »I am actually! I'm very proud to say I am a geek. But I'm kind of a cool geek. I grew up in a very sci-fi home so I've seen a lot of sci-fi movies, from *Dune* to *Alien*, *2001*, *E.T.*, *Batteries Not Included* ... All these films I go crazy for. But never *Star Trek*.«[5]

Es gibt sie – die nerdigen, geekigen Girls. Und sie gehen wie die Nerds niemals mehr weg. Nie wieder.

@

3

NERDMÄDCHEN – EINE LIEBESERKLÄRUNG*

Wenn ich sehe, welche Schönheitsideale die Medien uns suggerieren, kriege ich das kalte Kotzen. Da werden bei Model-Casting-Shows Klappergestelle über den Laufsteg gejagt, die man nicht vögeln, sondern füttern möchte.

Es werden Barbiepuppen zelebriert, die mit dem Wortschatz einer Fünfjährigen und der sexuellen Ausstrahlung eines Mettigels durchs Leben stöckeln und dabei von ganzen Rudeln testosterongesteuerter Mallorca-Säufer begafft werden, die so hohl sind, dass sie Schönheit in Körbchengröße messen.

Liebe Daniela Katzenberger.

Falls du das hier mal irgendwann liest oder hörst:

IN DIESEM GENPOOL IST KEIN PLATZ FÜR UNS BEIDE!

Du kannst dich gerne bei mir melden, wenn du gegoogelt hast, was »Genpool« bedeutet.

Nicht mal mehr Pornos kann ich gucken – und ja, ich bin ein Mann, und Männer brauchen verdammt noch mal Pornos! –,

---

* *Abdruck mit freundlicher Genehmigung von David Grashoff. Danke!*

ohne dass mir dabei schlecht wird. Die Darstellerinnen wirken alle, als würden sie irgendwo auf dem Planeten Fistor so geklont, dass sie möglichst wenig Hirn, dafür aber umso ausgeprägtere Geschlechtsmerkmale aufweisen. In den Filmen werden dann ihre Körperöffnungen von Typen bearbeitet, die zu lange in Rinderwachstumshormonen gebadet haben und beim Sex ein Gesicht machen wie ich beim Kacken.

Also ich kann mich mit solchen Spackos nicht identifizieren. Und geil werde ich dabei schon mal gar nicht, ich bekomme höchstens Hunger auf Fleischwurst. Außerdem sehen Frauen im echten Leben niemals so aus wie in Pornos, und das ist auch gut so.

Für mich muss sich niemand auf Größe 36 runterhungern. Ich brauche kein Arschgeweih, keine Fingernägel mit Strasssteinen oder aufgemalten Insellandschaften. Ich will keine Tussi mit blondierter Ich-seh-von-oben-aus-wie-ein-Stinktier-Unisex-Frisur. Keine Sonnenstudio-Jüngerin. Keine Etepetete-Tante, die im Bad so lange braucht wie ein Faultierpärchen bei der Paarung. Ich will kein eingebildetes Modepüppchen, das sich nur über sein Aussehen definiert und beleidigt rumzickt, wenn ich ihm sage: »Dein Arsch kocht doch auch nur mit Wasser!«

Was ich will und wirklich verdammt sexy finde, sind Frauen mit Köpfchen. Ich will keine Vorzeigebarbie mit aufgepumpten Lippen und Plastiktitten, sondern ein Mädchen, das mich zum Lachen und zum Nachdenken bringen kann. Ich will Frauen mit Hornbrillen, Karohemden und Star-Wars-Shirts.

Frauen, die vor dem Schlafengehen Perry Rhodan lesen.

Frauen, die auf Wikipedia surfen und nicht auf Zalando.

Frauen, die auf *DSDS* scheißen und lieber ein paar Folgen *Babylon 5* gucken.

Ich will mein eigenes kleines Nerdmädchen!

Eine Erste-Reihe-Sitzerin, die als Kind in der Schach-AG war und die, während andere Mädels das Schminken geübt haben, bei Shadowrun den Meister gemacht hat. Eine, die über meine Darth-

Vader-Witze lacht und die weiß, dass man Gizmo nach Mitternacht nicht füttern darf.

Ich will ein Mädchen, das mit mir den ganzen Tag Playstation spielt, obwohl draußen schönes Wetter ist. Ein Mädchen, das jedes Mal, wenn ich bei Halo einem Gegner in den Kopf schieße, »Headshot« schreit und dabei süß kichert. Ein Mädchen, mit dem ich erst stundenlang *The Next Generation* gucken und anschließend leidenschaftlich Liebe machen kann. Ein Mädchen, das mit mir nach dem Sex über den gesellschaftskritischen Subtext von *Starship Troopers* philosophiert. Ein Mädchen, das weiß, warum die Antwort 42 lautet und dass man *Firefly* niemals hätte absetzen dürfen!

Sie soll Asimov, Gibson und Philip K. Dick gelesen haben und mir regelmäßig beim Star-Wars-Trivial-Pursuit den Arsch aufreißen. Sie soll sich extra für mich ein Leia-Sklavinnen-Kostüm kaufen, und wenn sie beim Vorspiel aus *Deep Space Nine* zitiert, bekomme ich einen vorzeitigen Samenerguss. Und sollten wir uns einmal streiten, dann nur darüber, ob die alte oder die neue Battlestar-Galactica-Serie besser ist.

Für mein kleines Nerdmädchen würde ich auf den Wüstenplaneten auswandern und dort eine Eisdiele eröffnen. Ich würde mir ihren Namen am offenen Herzen tätowieren lassen. Ich würde mich von Außerirdischen entführen lassen und sie an Bord ihres Mutterschiffs mit einem Teppichmesser dazu zwingen, ihren Heimatplaneten nach meinem Mädchen zu benennen. Ich würde für sie beim Sex sogar eine Jar-Jar-Binks-Maske tragen ... Also nur, wenn es wirklich nötig ist ... Unter Protest ...

Ich würde für sie durch ein Wurmloch zurück in der Zeit reisen und mit meiner Digitalkamera den echten Untergang der Titanic filmen. Für sie würde ich den Konjunktiv abschaffen und nur noch Verbindliches von mir geben.

Und hat mein kleines Mädchen einmal einen schlechten Tag und meint, dass sie zu viel Speck auf den Rippen hat, oder findet sich nicht hübsch, dann nehme ich sie ganz fest in den Arm und sage ihr: »Du bist mein kleines Nerdmädchen, und verdammt noch mal – du bist schön!«

David Grashoff ist nicht nur ein bekannter, frech-frivoler Poetry-Slammer und Autor, sondern auch ein bekennender Nerd. Er schreibt lustige Texte über Pimmelbingo oder Darth Vaders Tagebuch und machte sich auch schon mit dem Versuch vertraut, sich mit Mon Chéri und Gummibärchen das Leben zu nehmen.

Mehr vom Autor sowie Interviews mit bekennenden deutschen Nerds wie Markus Heitz, Tommy Krappweis (dem Erfinder von Bernd das Brot) oder Hennes Bender findet man unter: www.david-grashoff.de.

4

DIE IT IST EINE SIE

Wer das Wort »Informationstechnologie« hört, wird auf der Stelle an Jungs mit dicken Hornbrillen und Kellerbräune denken, die stundenlang Quellcode in den PC einhacken.

Dabei ist die Informatik von den Wurzeln her keine männliche Sparte. Sie gehört den Nerdines – nach Geburtsrecht. Denn Softwareentwicklung war in den 1960er-Jahren reine Frauensache. Mit Kleidchen und toupierten Haaren standen sie vor riesigen Rechnern und sorgten mit prüfendem Blick fürs Detail dafür, dass der Computer genau das tat, was die Herren der Schöpfung verlangten.

1967 gab es in der international bekannten Zeitschrift *Cosmopolitan* sogar einen Artikel über Frauen aus der IT – von und mit Grandma COBOL herself, Grace Murray Hopper, der berühmtesten Computerpionierin. Sie gilt als Entdeckerin der Computer-Bugs, ist die Erfinderin des Compilers sowie der Programmiersprache COBOL – sie sollte dem Nerd also bestens bekannt sein; wenn nicht: Schäm dich! Auf die stille Treppe mit dir! Hopper sagte zur Programmierung: »Programmieren ist wie Abendessen vorbereiten. Man muss vorausplanen und alles so terminieren, dass es fertig ist, wenn man es braucht. Das geht nur mit Geduld und dem Blick für Details.«[6]

Nicht gerade feministisch, aber dennoch zukunftsweisend für die 1960er-Jahre.

Wer immer noch daran zweifelt, dass Frauen in Wirklichkeit die wahren Pioniere der IT sind, der darf sich gerne an Augusta Ada Byron King, Countess of Lovelace, erinnern; die Mutter des Algorithmus. »Zahlenzauberin« wurde sie vom Mathematiker Charles Babbage genannt, mit dem sie – und das bereits circa 1842! – am Konzept eines Computers arbeitete (der sogenannten »Analytical Engine«), für den sie auch das erste Programm schrieb: einen Algorithmus zur Berechnung der Bernoulli-Zahlen. Sicher gab es damals noch keine Computer als Maschine, die wurden erst in den 1940er-Jahren (zum Beispiel von Konrad Zuse) gebaut, aber die Inspiration für die berühmte Turingmaschine holte sich Alan Turing von Ada Lovelace. (Und wer sich nun noch der Programmiersprache ADA entsinnt, dem wird schnell klar, dass somit schon zwei Programmiersprachen weiblicher Natur sind.)

Und nicht nur das, auch WiFi, Bluetooth und GPS haben wir einer Frau zu verdanken. Nämlich sexy Hedy Lamarr – Schauspielerin und schönster Frau der Welt … mit Köpfchen.

FEHLER:
TASTATUR NICHT ANGESCHLOSSEN.
BITTE TASTE F1 DRÜCKEN!

Wir schreiben das Jahr 2013 – 102 Jahre nach dem ersten Weltfrauentag: Informatik, ein Hörsaal voller Männer. Der weibliche Anteil der IT-Studenten liegt bei kaum 20 Prozent, bei Azubis sogar unter zehn Prozent.

Wie konnte das passieren?

Warum haben sich die Frauen von der Informatik abgewandt?

Dachten Frauen schon immer, dass Mathematik ein Arschloch ist – und Physik dessen kleiner Bruder? Haben sie keinen Bock auf Nerds? Hat die Informatik ein Imageproblem bekommen?

Genau gesehen ist es eine Krankheit der Neuzeit. Der Mann erkannte, dass Informatik gar kein Fach für Bürokräfte mit niedrigem Status ist (also für Frauen). Es wurde ihm bewusst, dass Informatik ein wissenschaftliches Fach mit hohem gesellschaftlichen Status ist (also eindeutig männlich). So wurde Programmieren eine Männerdomäne.

Bis zum heutigen Tag.

Weil man Frauen meist sowieso nicht abnimmt, dass sie Ahnung von Technik haben. Ein kleines Beispiel, wieder aus dem Nähkästchen der Autorin: Frau geht in ein PC-Fachgeschäft und will sich eine NVIDIA 3D Vision® kaufen, um endlich gescheit *Battlefield: Bad Company 2* zocken zu können.

> »Hallo, ich hätte gerne diese Grafikkarte.« *(Deutet auf die NVIDIA 3D Vision® in der Auslage.)*
> Verkäufer: »Sind Sie sich sicher, dass Sie genau diese Grafikkarte wollen? Wir hätten hier eine viel hübschere. In Rosa sogar.«

»Nein, ich hätte gerne diese Grafikkarte.«

Verkäufer: »Wir können sie Ihnen auch gerne in den PC einbauen. Oder besser: Sie kaufen sich einen neuen PC. Die sind auch gar nicht so teuer.«

»Ich möchte nur diese Grafikkarte! Ich baue sie mir auch selbst ein.«

Verkäufer: »Sind Sie sich sicher, dass Sie das können? Ich kann dir die Grafikkarte auch gerne kostenlos einbauen.« (*Zwinkert.*)

»Danke, ich komme gut alleine zurecht. Ich will nur diese Grafikkarte.«

Verkäufer: »Ach, für deinen Freund? Warum hast du das nicht gleich gesagt?«

»Nein, für mich. **UND JETZT GIB MIR DIE BESCHISSENE GRAFIKKARTE!**«

Bei solchen Dialogen muss sich niemand wundern, dass es Schlagzeilen wie »Sind diese Frauen zu hübsch, um ›echte‹ Ingenieure zu sein?«[7] gibt.

IT-Experten sind von Natur aus unfrisierte Nerds mit fettiger Problemhaut – und außerdem zu 99,9 Prozent männlich. Das heißt, Nerdines müssen genauso aussehen wie ihre männlichen Kollegen; hübsche, weibliche Nerds gibt es demnach nicht. Kein Wunder, dass die Werbung von Toptal (einer Firma, die IT-Fachleute an Unternehmen vermittelt) – mit zwei nicht gerade hässlichen Programmiererinnen – bei LinkedIn kommentarlos gelöscht wurde. Erst auf Nachfrage von Toptal, wo denn ihre Werbung sei, erklärte sich die Plattform: Man solle die Werbung mit Fotos illustrieren, die auch wirklich etwas mit dem beworbenen Produkt zu tun haben.

Egal, ob es echte Programmiererinnen waren oder Models als Werbung für das Unternehmen: Das saß! Traut man gut aussehenden Frauen keinen Entwicklerjob zu?

Anscheinend nicht, sonst hätte es auch bei den hübschen *Vogue*-Fotos von Marissa Mayer (Yahoo-Chefin) keinen solchen Aufschrei gegeben:

»Too sexy for a CEO?« (*The Advertiser*[8])

»Gewagt in der *Vogue*« (*Süddeutsche Zeitung*)

»Too sexy for IT?« (PR-Beratungsfirma Impact Infotech auf Twitter)

»Marissa Mayer wirkt wie eine nerdige karrieresüchtige Barbie« (Unbekannter Verfasser[9])

Das wirft man einer 38-jährigen Frau vor, die IT-Ingenieurin ist, hochschwanger zu Yahoo wechselte und dafür sorgte, dass die Aktien des Konzerns um 74 Prozent stiegen. Wer – wenn nicht sie – sollte sich auch als Frau zeigen dürfen? (Und warum sollte Nerdine sich nicht als Frau fühlen und zeigen dürfen? Nur weil sie Brüste hat anstatt einen Penis?)

Immerhin ist die Frau nicht nur hübsch, sondern hat nachweisbar ein ziemlich helles Köpfchen. Man wird ihr also kaum vorwerfen können, dass sie sich hochschlafen will.

Marissa Mayer ist jemand, den Techie-Mädchen sich zum Vorbild nehmen sollten. Stattdessen wird über ihre Seriosität diskutiert. Das ist nicht nur traurig, sondern sollte ein Warnschuss für unsere Gesellschaft sein. Denn über kurz oder lang schlägt der demografische Wandel erbarmungslos zu, und dann sind es die Frauen, deren helle Köpfchen in den MINT-Fächern (Mathematik, Informatik, Naturwissenschaften, Technik) gebraucht werden.

Kein Wunder, dass die weiblichen Nerds den Aufstand proben – nicht nur in der IT. Video- und Fantasy-Spiele, Comicbücher und Science-Fiction-Serien. Sie alle gehören nicht dem Standard-Nerd alleine, sondern auch den Nerdines!

Frauen sind die ursprünglichen Pioniere der IT und die Wurzel des Nerdtums. Deal with it.

Mit dem Song *Nothing to Prove* machte die durch und durch weibliche Band The Doubleclicks auf YouTube darauf aufmerksam, dass sich Mädels genauso wenig dafür rechtfertigen müssen, Nerds zu sein, wie ihre männlichen Pendants (ja, auch Nerds diskriminieren gerne Nerdines).

Denn Frauen können keine Nerds sein – weil sie das schöne Geschlecht sind, Mathe scheiße finden, Physik nie mochten, nicht einparken können, ihnen die 3D-Vorstellung fehlt … und sie sowieso kein Händchen für Technik besitzen. Nerd-Mädchen? Nein. Niemals!

Dabei lehrt die Entstehungsgeschichte der Informatik etwas völlig anderes.

Oder wie die Frauen aus dem YouTube-Video es sagen:

»I don't need you to tell me how much I like anything.«

»Don't tell my daughter that Lego, Robots and Superheros are for boys.«

Auch Will Wheaton, der in diesem Video auftaucht, sagt dazu »Sei kein Schw…!«

Frauen sind die ursprünglichen Pioniere der IT und die Wurzel des Nerdtums. Deal with it.

5

1338* – ONE STEP AHEAD OF AN AVERAGE PERSON

Das Wort »Nerd« wird hier in Deutschland von den meisten Menschen fast schon als echte Beleidigung aufgefasst. Dabei ist der Nerd verdammt wichtig! Warum und wofür wir Nerds brauchen? Als Mitspieler in der Fußballmannschaft bestimmt nicht. Aber wer repariert den Rechner, wenn Windows mal wieder kränkelt? Wer den Fernseher, wenn er die Sender nicht automatisch einstellen will? Wer hilft, wenn das Smartphone nicht tut, was es soll, oder wenn die Mathematikaufgaben wie ägyptische Hieroglyphen aussehen? (Echte Nerds werden hier seufzen und ein kleines Tränchen verdrücken – sorry, Jungs und Mädels, aber ein neuronales Netz zur Gesichtserkennung realisieren oder ein eigenes Apache-Modul schreiben ist leider nicht so gesellschaftlich anerkannt wie Windows oder Treiber installieren.)

---

* *1337 ist Killerspielespielersprache, bedeutet LEET, also ELITE, und wird nur von Leuten benutzt, die ihre kognitiven Fähigkeiten zugunsten der Dechiffrierung solches Nonsens eingetauscht haben. 1338 ist über 1337. Ein Zustand, den die wenigsten je erreichen.«*

Mit Sicherheit gäbe es in nur halb so vielen Haushalten funktionierende Computer, hätte nicht jeder von uns wenigstens einen Nerd in der Verwandtschaft.

Und das ist nur die Spitze des Eisbergs. Denn wer schreibt die Algorithmen, mit denen GPS-Geräte ihren Standort bestimmen können? Wer sorgt dafür, dass die Astronauten auf der ISS in den Weltraum starten können – oder ganz simpel dafür, dass sie dort auch aufs Klo gehen können? Wer setzt die Server auf, auf denen wir unser Facebook-Profil updaten können? Wer entwirft die Schaltpläne für die Steuerung der Elektromotoren im Auto oder der Spielkonsole? Wer entwirft und programmiert die Apps, Spiele und IT-Gadgets, für die wir unser letztes Erspartes ausgeben?

Richtig, die Fachidioten und Außenseiter.

Und wegen dieser vielen technischen Gründe müssen wir Nerds nicht nur akzeptieren, sondern sie *verstehen*, ja, wir müssen von ihnen lernen und das Gelernte auf uns und unsere Umwelt anwenden. Wer heute etwas erreichen möchte, der muss auch ein wenig Nerdisch können. Denn auch wenn der eine oder andere vielleicht nichts mit dieser speziellen Art Mensch zu tun haben möchte: Man kommt an den Nerds heute nicht mehr vorbei. Egal ob Imbissbude, Versicherung oder großes Wirtschaftsunternehmen, Grafiker oder Jurist, die Digitalisierung holt uns alle ein, und wer dann nicht die Grundkenntnisse oder zumindest ein Grundinteresse an den großen Nerd-Themen Wissenschaft, Computer und Internet hat, der steht ziemlich doof da.

Doch warum eigentlich immer schwarz-weiß – der Nerd würde sagen: binär – denken? Sind wir nicht alle ein wenig nerd? Oder wäre nicht alles eine Winzigkeit besser, wenn wir es wären? Ist es nicht klasse, wenn sich Leute mit einem Hobby beschäftigen können, das nicht »Fernsehen« oder »Shopping« heißt? Würde ein naturwissenschaftliches oder technisches Grundverständnis unserer Gesellschaft nicht unheimlich guttun? Schließlich werden selbst Waschmaschinen mit Mikroprozessoren ausgestattet und sehen die neusten Staubsauger wie Miniaturroboter aus *Star Trek* aus.

Wenn wir uns von den Klischeevorstellungen verabschieden, oder sie zumindest in einigen Aspekten als vollkommen irrelevant begreifen, können wir alle den kleinen Nerd in uns entdecken. Und lieben lernen.

6

BAZINGA!
ODER: »THE BIG BANG THEORY« UND DIE ECHTEN NERDS

Es sind Schauspieler, das wissen alle Nerds, nichtsdestotrotz lebt der winzige Funke Hoffnung im Herzen, dass die Helden des abendlichen Fernsehprogramms wenigstens ein bisschen Nerd in sich tragen. Doch weit gefehlt.

Howard Wolowitz (Simon Helberg), geliebter notgeiler Ingenieur ohne Doktortitel, ist »privat« kaum zu erkennen: Statt mit Pilzfrisur und Rollkragen tritt er gestylt und mit Anzug auf und ist zudem seit 2007 mit der sexy Schauspielerin Jocelyn Towne verheiratet.

Auch Howards daueralkoholisierter Kumpel Rajesh Ramayan Koothrappali (Kunal Nayyar) ist in seinem echten Leben kein stiller Inder mit Vaterkomplex, sondern ein echter Womanizer – seit 2011 mit der ehemaligen Miss India verheiratet.

Da möchte man auf den laktoseintoleranten Leonard Hofstadter (Johnny Galecki) setzen, doch dieser enttäuscht sogar noch mehr als seine beiden Vorgänger, nämlich im *Big Bang*-Kosmos selbst: Erst schleppt er Leslie Winkel (Sara Gilbert) ab und danach Penny (Kaley Cuoco).

Und auch Sheldon Cooper (Jim Parsons) ist weder ein neurotischer Wissenschaftler, noch hat er einen Doktortitel.

Die Einzigen, die es richtig gemacht haben, sind die Frauen.
Ja, die Frauen!

Denn Penny (Kaley Cuoco) war mit Henry Cavill, dem Man of Steel und Superman himself, liiert – und damit mit einem echten Nerd, der Comics und Videospiele liebt … leider trennte sich das Paar nach einer (viel zu) kurzen Liaison im Juni 2013. Kein Mann aus Stahl für Penny …

Die Schauspielerin der Amy Farrah Fowler (Mayim Bialik) weiß mit ihrem Doktor in Neurowissenschaften (ihre Promotion befasst sich mit dem Prader-Willi-Syndrom) bestens, wovon sie in der Serie spricht.

Da möchte der männliche Nerd in sein Gamepad beißen, während die Nerdine höhnisch grinst wie ein psychopathisches Honigkuchenpferdchen.

Aber das ist nur einer der Gründe, warum gerade *The Big Bang Theory* die Nerd-Gemeinde so sehr spaltet. Ja, es gibt sogar Gründe, die Serie zu hassen:

☺ Der Verlust von Leslie Winkle (Und das nur, weil die Autoren nicht wussten, wie man für sie schreiben sollte und was witzig aus ihrem Mund klingt.)

☺ Kein Bezug zu aktuellen Dingen (Stattdessen reitet man immer wieder auf alten Klischees herum wie Superhelden, Comicheftchen und Spielekonsolen. Welcher arbeitstüchtige Nerd hat denn bitte Zeit, den halben Nachmittag im Comic-Laden zu verbringen?)

- 😁 Falsche Bezüge zur Nerdkultur (Bei WoW die Leiche eines Verbündeten plündern?! Ein unverzeihlicher Fehler!)

- 😁 Sheldonmania (Sheldon rückt immer mehr in den Mittelpunkt der Serie, die jedoch nur seinen unausstehlichen Charakter zeigt. Dabei wollten die Autoren beides vereinen: Der Zuschauer soll über Sheldon lachen und Verständnis für ihn entwickeln – und das funktioniert einfach nicht.)

- 😁 Bazinga! (Man muss es alleine deswegen hassen, weil das Wort von Warner Brothers geschützt ist und als Merchandise verkauft wird – reine Geldmache.)

- 😁 Frauen als Objekt (Machen wir uns nichts vor, Leonard steht nicht auf Penny, weil sie einen Bachelor of Science hat, sondern weil sie hübsch ist – und der hübsche Hintern hat nicht einmal einen Familiennamen!)

- 😁 Die Lacher bei allen nerdigen Gesprächsteilen und das Gefühl, dass man *über* den Nerd lacht, anstatt mit ihm (Wenn Leonard vor Freude ausflippt, weil er einen superraren Comic sieht, und dem Zuschauer erklärt, warum er sich deswegen so freut, und danach Lacher eingespielt werden, ist das nicht gerade förderlich für Nerds und Geeks, die genauso empfinden. Man könnte sagen, sie fühlen sich in dem Moment ziemlich vor den Kopf gestoßen und wollen alles andere als lachen.)

Es gibt aber auch die andere Seite, die *The Big Bang Theory* liebt und dafür auch genug Gründe* hat:

- Die Spiele (Laser-Schach, Stein-Papier-Schere-Spock-Echse und wunderbare Spielbezüge zu Halo, WoW, Paintball und so weiter. Alles, was ein Nerd-Herz höher schlagen lässt.)

- Die T-Shirts (Wer hätte nicht gerne Sheldons Kleiderschrank mit all den Shirts?!)

- Die Mütter (Beverly Hofstadter – die mit ihrem emotionslosen Verhalten eher zu Sheldon passen würde, Mary Cooper – das genaue Gegenteil von Beverly – und schließlich Mrs. Wolowitz. Ohne diese einzigartigen Figuren wäre die Serie nur halb so atmosphärisch.)

- Howard und Rajesh (Definitiv das Duo mit dem besten merkwürdigen Verhältnis der Comedy-Geschichte.)

- Die Comic-Hefte-Debatten (Und plötzlich kommt der Nerd sich nicht mehr so freakig vor, wenn er darüber nachdenkt, ob Wolverine anfangs wirklich Knochenkrallen hatte und wie Kryptonit auf die Zellen von Superman wirkt.)

- Die Ticks (Wer muss nicht lachen, wenn Sheldon genau drei Mal an Pennys Tür klopfen muss? Oder über seinen genau getimten Wochenplan? Und wer erkennt sich nicht in manchem Zwangsverhalten von Sheldon wieder?)

- Die Kostüme (Wer liebt Partys mit Themen nicht? Und vor allem Superhelden-Themen? Eben!)

---

* Mit freundlicher Unterstützung von www.ugo.com.

- 😊 Bazinga! (Ein Ausdruck, der mittlerweile Kultstatus erlangt hat.)

- 😊 Penny (Die süße Hallo-ich-bin-Penny-und-arbeite-in-der-Cheesecake-Factory-Penny wurde im Laufe der Staffeln zu einem Charakter, den man nicht nur süß und niedlich findet, sondern auch respektiert: Sie kostümiert sich mit den Jungs und gibt sogar dem Hacker, der Sheldon geärgert hat, eins auf die Mütze. Und dank Leonard datet sie auch keine Idioten mehr.)

- 😊 Sheldon (Ohne ihn wäre die Serie nicht halb so amüsant.)

- 😊 Amy Farrah Fowler (Ein Highlight der Serie. Intelligent und merkwürdig wie Sheldon, aber mit einem Herz aus Gold. Und Pennys »Bestie«.)

Das Leben ist keine Serie, egal ob man *The Big Bang Theory* nun liebt oder hasst. Immerhin hat sie den Nerd salonfähig gemacht. Vom Schimpfwort hat sich »Nerd« zum Kompliment gemausert – was nicht zuletzt am Siegeszug dieser TV-Serien liegt.

Der Nerd ist zum Helden des 21. Jahrhunderts geworden. Man zelebriert das Nerdtum mit all seinen Eigenheiten – und das auch dank David Saltzberg, dem klugen Kopf hinter der Serie (Professor an der University of California und wissenschaftlicher Berater der Sendung). Und nicht nur männliche Nerds profitieren davon; auch Mädels tragen mit Stolz die Bezeichnung »Nerdine« (auch dank der Hackerin Lisbeth Salander aus der Millenium-Trilogie von Stieg Larsson).

7

»THE IT CROWD« UND DIE NERDS ODER: NERDISTAN UND SEINE BEWOHNER

Wo *The Big Bang Theory* alle im Mainstream manifestierten Klischees des klassischen Nerds aufgreift, ist *The IT Crowd* (erstmals ausgestrahlt 2006) einen Schritt weiter: realistisch – was nicht heißt, dass die Schauspieler im echten Leben Nerds sind. Denn das sind sie auch hier nicht. Leider.

Wie bei *The Big Bang Theory* folgt der Zuschauer auch hier Nerds – genauer gesagt zwei Nerds. Moss (Richard Ayoade) und Roy (Chris O'Dowd) arbeiten in der IT-Abteilung eines Großunternehmens. Da ihre Arbeit eher als unwichtig eingestuft wird, liegt ihr Büro selbstverständlich im Keller. Ihre recht laxen Arbeitsbedingungen ändern sich, als sie die Personal Managerin Jen (Katherine Parkinson) vor die Nase gesetzt bekommen – die mit IT so wenig anfangen kann wie die Nerds mit Tampons. Nun müssen sich die drei arrangieren ... und das ist nicht so einfach, wie es sich anhört.

Auch hier warten die Produzenten der Serie mit Gags und skurrilen Situationen auf, die dem nerdigen Verhalten der zwei Anti-Helden zu schulden sind. Anders als bei *The Big Bang Theory* wird hier allerdings nicht nur über den Nerd gelacht. Die Serie ist über Nerds für Nerds. Und das merkt man auch.

Gründe, *The IT Crowd* zu lieben (auch wenn man kein Brite ist):

- ☻ Weniger Hauptdarsteller (die Serie dreht sich nur um Jen, Roy und Moss. Eine ungewöhnliche Dreierkombination, die aber auch in der Realität zustande kommen könnte. Hier greift das Prinzip: Weniger ist mehr.)

- ☻ Realitätsbezug (Nerds müssen in ihrer Umwelt klarkommen und können nicht solche Spielchen abziehen wie Sheldon Cooper in *The Big Bang Theory* mit seinen Vorgesetzten.)

- ☻ Keine langatmigen Beziehungsdramen (Die einzigen Beziehungsdesasterszenen bekommt der Zuschauer zu sehen, wenn Jen mal wieder ein Date beendet – oder Roy eine Beziehung für genau eine Episode aufrechterhält.)

- ☻ Identifikation (Wer mehr mit seinem PC macht, als auf YouTube zu surfen und in sozialen Netzwerken unterwegs zu sein, wird sich auf der Stelle in Moss und Roy einfühlen können. So entstanden auch die beiden am häufigsten verwendeten Sätze der Serie: »Haben Sie es schon mit Aus- und Einschalten versucht?« und »Sind Sie sicher, dass er eingesteckt ist?« – Damit lassen sich 99,9 Prozent der PC-Probleme lösen.)

- ☻ Die Episoden sind 30 Minuten lang und in der Mittagspause schaffbar.

🙂 Mitlachen, nicht auslachen (Denn wenn Roy oder Moss etwas sagen oder tun, dann mit der Überzeugung, so gut – oder schlecht – zu handeln, wie sie können. Die Probleme, die aus ihren Taten und Worten entstehen, schildert die Serie mit einem einzigartigen Humor, der die Zuschauer mit den Nerds fühlen lässt. Und auch die wundervoll technik-unaffine Jen bringt in jeder Episode den Zuschauer zum Schmunzeln. Es ist das Zusammenspiel, das diese Serie so sehenswert macht.)

🙂 Moss' gigantischer Afro (Der ist mit Abstand das Tollste, was die Autorin in den letzten Jahren gesehen hat.)

🙂 Aufbau der Episoden (Jede Episode wird durch eine individuelle Storyline für jeden Charakter eingeleitet, die sich nahtlos mit denen der anderen verstrickt und in jeder Episode in einem wunderbar komischen Showdown endet. Jede. Einzelne. Episode.)

Wo *The Big Bang Theory* die Klischees um Nerds ausschöpft, befasst sich *The IT Crowd* mit den Differenzen zwischen Nerds und Normalos, um Situationskomik herzustellen. Man lacht nicht über den Nerd wie bei *The Big Bang Theory*.

Dies ist auch der simple Grund, warum viele Nerds *The IT Crowd* bevorzugen. Leider wurde die Serie 2011, nach nur 24 Folgen (in vier Staffeln), eingestellt.

Wo *The Big Bang Theory* und *The IT Crowd* funktionieren, versuchen auch andere Produktionsfirmen aufzuspringen. Leider (oder vielleicht zum Glück) wurde aus den deutschen IT-Nerds – *Das iTeam – die Jungs an der Maus* – wegen schwacher Quoten nichts.

Wer Junkie in Sachen Nerd-Serien werden möchte, dem lege ich an dieser Stelle noch folgende Serien ans Herz: *Chuck* (ein Durchschnittskerl bringt es fertig, alle Informationen aus der CIA-Datenbank in sein Gehirn downzuloaden), *Freaks and Geeks* (Nerds an der Highschool in den 1980er-Jahren), *The Guild* (kurze Webserie der Queen of Nerdity, Felicia Day) und *My Life as Liz (*Serie über ein Nerdmädchen, das mit ihren Nerdfreunden die hochgelobte Highschoolzeit überstehen muss, ohne dabei den gesellschaftlichen Tod zu sterben).

8

NERD FOR BEGINNERS

Informatik Klasse 11: Der Lehrer war ein Mac-Jünger und hatte nicht nur sich, sondern auch die kompletten Informatikräume mit den Hipsterrechnern bestückt – wirklich wunderbar, den Jungs und Mädels im Kurs (sechs waren wir, um genau zu sein) Apple näher zu bringen, wenn überall Windows vorherrsche.

Der Lehrer war zudem nicht nur vollkommen von sich und seinem Wissen überzeugt, sondern auch noch völlig beratungsresistent. In einer Stunde sprach er davon, dass Interlacing (ein grafisches Zeilensprungverfahren) genau das Gleiche wie Anti-Aliasing (ein Abtastungsverfahren) sei. Natürlich konnte ich solchen Unsinn nicht im Raum stehen lassen und versuchte, dem Lehrer klarzumachen, dass er nicht Äpfel mit Birnen vergleichen könne – und seinen Irrtum sogar mit einem Wikipedia-Artikel belegt.

Denkt ihr, er hätte mir auch nur ein Wort geglaubt?

Natürlich nicht!

Außerdem sei Wikipedia, so der Lehrer, keine zulässige Quelle – spätestens im Studium wird einem dann klar, dass die Lehrer einen nach Strich und Faden verarscht haben, was zulässige und unzulässige Quellen angeht. Die ganze Klasse lachte, und ich durfte mir für den Rest der Stunde einen inhaltlich falschen Vortrag anhören. Grauenhaft! Schrecklich! Das sind Menschen, die eine Grafikkarte zwischen Bioheft und Pausenbrot im Schulranzen klemmen (liebe Leute, bitte benutzt wenigstens antistatische Folie! Elektronik ist nicht unsterblich).

Als Nerd muss man sich (besonders gerne von der älteren Generation) Sprüche anhören wie: »Du hängst ständig nur vor dem Ding!«, »So was braucht doch keiner« oder »Hast du keine Freunde [slash] nichts Besseres zu tun?«.

Aber dann immer auf der Matte stehen, wenn der PC kränkelt, der Hintergrund des Bildschirms plötzlich verdreht ist (durch eine unbemerkte Tastenkombination) oder das CD-ROM-Laufwerk nicht aufgeht. Das sind Momente, wo sich der »Freak« mit der flachen Hand gegen die Stirn klatscht.

Wie wird man eigentlich ein Nerd? Kann man sich einfach die richtigen Hobbys zulegen und bestimmte Eigenschaften nach außen kehren, um so seine Nerd-Punkte zu steigern wie im Computerspiel *Die Sims*?

Einfach den Außenseiter spielen, gerne auch ein bisschen einsiedlerisch, und sich bizarr kleiden bekommt ja jeder hin! Nachtaktiv sein kann man sich antrainieren – wenn man es sowieso nicht schon ist –, und um freakig zu sein, muss man nur ein paar Stunden auf Schlaf verzichten. Der macht grantig, und schon gehen alle Freunde und sonstigen sozialen Kontakte auf Abstand. Et voilà, ein Nerd, wie er im Buch steht! Dazu noch ein bisschen den Computer übertakten und hacken – und schon ist man ein fast perfekter Nerd. Nerdsein ist einfach, das kann jeder, und dementsprechend leicht zu pflegen ist das Image auch: ein bisschen TK-Pizza, zwei ordentliche Monitore mit Computer, eingeschweißte Comicheftchen und jedes Jahr eine neue Konsole.

So einfach soll es also sein?!

Nein. Nicht wirklich.

Nerd wird man nicht einfach so, ein Nerd ist sein Leben lang Nerd – von der Wiege bis in die Grube.

Das Leben eines Nerds ist geprägt von Momenten, die einige Menschen nicht nachempfinden können. Es sind Kleinigkeiten, nur Gedanken, die den Nerd als solchen enttarnen und leiden lassen. Die meisten Nerds lernen im Laufe ihres Lebens, sich anzupassen und dem gesellschaftlichen Konsens unterzuordnen. Dadurch werden sie zwar glücklicher, verleugnen sich jedoch selbst und werden schlussendlich nicht angenommen – sondern nur der Charakter, den sie spielen, wenn sie ihre sicheren vier Wände verlassen.

Um einen Nerd also wirklich glücklich zu machen, muss man ihn als das annehmen, was er ist: ein liebenswerter Sonderling.

Denn nur weil jemand Yoda-Kirschkernkissen häkelt, für sein Leben gerne Ghibli-Filme sieht und *Sailor Moon* liebt, Mathematikaufgaben zur Entspannung löst, es cool findet, den Computer des Mitbewohners zu hacken, auf dumme Fragen »42« antwortet, Kalligrafie mag, mit einem Teleskop die Sterne beobachtet und jedes Sternbild auswendig kennt, Quadrocopter selbst baut, am Wochenende Geocaching betreibt, statt in die Disco zu gehen, LARPt oder *Das Schwarze Auge* bis zum Morgengrauen spielt, ist er noch lange kein Freak.

Jeder Mensch hat irgendwo in sich einen kleinen Nerd oder Geek, der schreit und strampelt und rausgelassen werden will. Aber die meisten machen es nicht – aus Furcht, nicht mehr zu den »coolen Kids« zu gehören. Denn schon im Kindergarten wurde einem klar gemacht, dass nur »cool« Akzeptanz heißt. Was denn nun »cool« ist, wurde den Nerds vorgelebt – egal wie profan es auch sein mochte: Denn wenn alle Mädchen eine Miss-Sixty-Jeans besitzen, muss auch eine Nerdine mitziehen. Mit zwölf Jahren noch eine Latzhose zu tragen ist nämlich gesellschaftlicher Freitod.

Es geht nicht darum gemocht, sondern darum, akzeptiert zu werden – Akzeptanz ist es, was ein Nerd sein Leben lang begehrt.

Dabei fragt sich der versierte Nerd, was heutzutage denn normal ist oder gar cool (was wir nämlich alle bis in die späte Nachpubertät sein wollten): Ist es cool, das Bild eines Mitschülers in A4 zu kopieren und fiese Texte darunterzusetzen? Zu lachen, wenn derjenige die Klasse betritt? Jemanden auf einer Klassenfahrt – mitten in der Nacht – auszusperren? Jemanden mit Klopapier an den Stuhl zu fesseln oder seinen Ranzen aus dem dritten Stock zu werfen? Jemanden mit dem Gesicht in die Kloschüssel zu tauchen und ihn zu zwingen, daraus zu trinken? Jemanden während des Sportunterrichts in die Schuhe zu pinkeln? Jemandes Hefter zu verbrennen? Oder ihm gar Tannennadeln auf das Pausenbrot zu streuen? Ihn vom Stuhl zu stoßen, nur weil man selbst es nicht ertragen kann, dass man keine einzige Mathematikaufgabe lösen kann, während der Nerd offenbar keine Probleme mit der Materie hat?

Mit erwachsenen Augen und rationalem Verstand betrachtet, sind solche Taten alles andere als cool. Und noch weniger lacht man darüber.

Doch genau das ist es, was ein Nerd durchleben muss, wenn er nicht früh genug die Kurve kriegt und sich dem sozialen Gefüge anpasst, um zu den Normalen zu gehören. »Normal« relativiert sich erst dann wieder, wenn der Nerd zur Universität geht und dort auf andere Menschen trifft, die genauso ticken wie er. Und da ist immer noch die Frage, was denn nun normal ist ...

Normalität ist etwas, was per Definition nicht erläutert werden kann, denn was normal ist, liegt immer im Auge des Betrachters. Und auch das Auge liegt oft falsch, denn mancher Normalo entpuppt sich bei genauerem Hinsehen als Nerd-in-secret – wie der Schauspieler Seth Rogen (bekannt aus *Superbad* oder *Jungfrau (40), männlich, sucht*), der von sich selbst sagt: »People meet me and expect me to have, like, one of those beer-can hats on my head. It leads to disappointed people, a lot. It leads to people slowly realising that I'm just, like, a f***ing nerd [...].«[10] (*Daily Telegraph*)

Oder Jack Gleeson (bekannt als Joffrey Baratheon aus der Serie *Game of Thrones*), der am Trinity College Dublin Philosophie und Theologie studiert: »I'd like to be an academic, a philosophy lecturer if possible. I'd do a Masters in Ancient Hebrew maybe, and a PhD hopefully […].«[11] (*Independent*)

Oder Colin Firth (der für *The King's Speech* mit dem Oscar ausgezeichnet wurde), der von sich selbst behauptet: »I'm more of a nerd. I'm a fairly dorky sort of person.«[12] (*Daily Mail*)

Damit Nerds und Geeks nicht mehr solche Themen wie »Nerds: Wie mache ich mir diese Streber zunutze, ohne mit ihnen in Verbindung gebracht zu werden?« im Internet lesen müssen, wäre es nett, wenn sich mehr Normalos die soziale Kompetenz zulegen würden, die sie den Geeks und besonders den Nerds so gerne absprechen.

Nerds sind wunderbare Menschen, die das Potenzial für Traumprinzen und -prinzessinnen haben, weil ihr Nerd-Herz unglaublich einfach glücklich zu machen ist. Ein Nerd kann sich nämlich noch an den kleinen Dingen des Lebens erfreuen – zum Beispiel über Überraschungseier.

9

DER NERD-CHECK*

Wie bei den Geeks gibt es auch bei den Nerds nicht den einen, ultimativen Nerd, sondern viele verschiedene, individuelle Fähigkeiten und somit spezifische Gruppierungen. So gibt es Nerds, die durchaus witzige T-Shirts tragen, Nerds, die stundenlang am PC programmieren, ohne einen Happen zu essen, oder Nerds, die das Headset nicht einmal zum Schlafen abnehmen. Nur eines haben sie alle gemein: Sie sind per Definition seltsam.

GAMING-NERD

Das Leben hat zwar eine beschissene Handlung, aber geile Grafik!

Wir unterscheiden zwischen zwei Sorten von Gaming-Nerds: Solchen, die über obsessives Spiele-Spielen angefangen haben, in ihrer eigenen Realität zu leben. Und solchen, die über obsessives Spiele-Entwickeln angefangen haben, in ihrer eigenen Realität zu leben. Und in dieser Realität zählt nur eine Währung. Skill. Die Grund-

---

* *Abdruck mit freundlicher Genehmigung von www.nerd-zone.com – Danke!*

voraussetzungen dafür, mentale Geschwindigkeit und sehr sehr viel Training, wären eigentlich ideal, um eine »richtige« Karriere zu starten. Nur verursacht Spiele-Spielen/-Entwickeln so viel Adrenalinausstoß, dass manche einfach dabei bleiben. Klamottenmäßig erkennbar sind sie an T-Shirts mit Videospiel-Charakteren und Retro-Superhelden wie Mario, Sonic oder Crash Bandicoot. Alternativ gehen auch Shirts mit Aufdrucken von Sponsoren oder der letzten Gaming Convention. Zum Glück gibt es mittlerweile einige Gaming-Nerds, die damit ihr Leben finanzieren können. Das dient ihnen dann auch immer als Ausrede bei Muttern. Gaming-Nerds wird zudem nachgesagt, sie hätten ADS. Das kann gar nicht sein. Wie könnten sie sonst drei bis vier Stunden am Stück hochkonzentriert an einem Bildschirm ... oh, da hinten, ein Eichhörnchen!

IT-GIRL

Über Einhörner werden keine Witze gemacht!
Sonst programmier ich euch an die Wand,
da habt ihr keinen Spaß mehr.

Die IT-Girls – auch liebevoll »Haecksen« (weiblicher Hacker) genannt – haben ihre ganz eigene Kategorie verdient. Geplagt von den ungelenken Anbandlungsversuchen ihrer männlichen Kollegen, haben sie es geschafft, sich durchzusetzen und der Welt zu zeigen, was eine programmierte Harke ist. Ein wiederkehrendes Muster bei IT-Girls ist eine Vorliebe für Einhörner und häufig wechselnde Haarfarben. Neben den natürlich besseren sozialen Fähigkeiten haben die IT-Girls einen knallhart rationalen Modus. Ist der angeknipst, hat sich schon so manch erfahrener Nerd erstaunt in der Situation wiedergefunden, dass ein Mädel munter schäkernd mental an ihm vorbeizieht. Für Nerds eine ernüchternde Erfahrung. Und gleichzeitig saumäßig cool.

EX-NERD

Manchmal würde ich schon gerne noch Code schreiben. Aber in meiner Position darf ich mich einfach nicht in solchen Details verheddern.

Der Ex-Nerd hat nach Jahren der Existenz als »Gehirn mit Anhang« endlich geheiratet, Schulden für ein Häuschen im Grünen aufgenommen und gelernt, eine Krawatte zu binden. Jetzt entwickelt er nicht mehr Software, sondern nennt sich Manager. Die Laune des Ex-Nerds ist direkt abhängig von der »Fieberkurve«: der Anzahl Release-kritischer Bugs für sein Projekt, die jeden Morgen auf dem Flipchart gegenüber von seinem Schreibtisch abgetragen wird. Obwohl es ihn manchmal echt in den Fingern kitzelt, seine »mad skillz« im Umgang mit Compiler-Makros vorzuführen, hält er sich vornehm zurück. Sein Job ist es immerhin, dafür Sorge zu tragen, dass alle Mitglieder seines Teams ständig produktiv arbeiten können. Also muss er die Features im Pflichtenheft abstimmen, Aufwände schätzen und Einsätze planen. Immerhin ist es schwer, eine Kathedrale zu bauen, wenn sich noch ständig der Grundriss ändert. Zu seinem Leidwesen gibt es »immer« Änderungen, die seine Pläne wieder zunichtemachen. Dazu kommt, dass es einfacher ist, einen Sack Flöhe zu hüten als ein Team von leicht spleenigen Nerds.

ADMIN-NERD

Ich würde Dich gerne kennenlernen. Treffen wir uns auf dem Server ###.###.###.###:#### um 10 Uhr?

Admin-Nerds sind Götter. Sie sind in der Lage, komplexe IT-Landschaften zu entwerfen, zu bauen und in Schuss zu halten. Und mit den Göttern stellt man sich besser gut. Mehr Speicherplatz, Internet-Telefonie oder auch eine wiederhergestellte E-Mail sind die guten Gaben an ihre Geschöpfe. Doch bringt man den Admin-Nerds nicht den gebührenden Respekt entgegen, wird man bald Bekanntschaft mit dem »Bastard Operator from Hell« machen. Um wieder an seine Mails zu kommen, hat man sich auf Knien zum Admin-Nerd zu begeben, um ein Kaffee-Opfer zu bringen und die Messe in Form der »Die Welt ist so böse und will mein System knacken«-Litanei zu hören. Erfolgreich überzeugt, braucht der Admin-Nerd nur drei kurze, aber rasante Wirbel auf der Tastatur, um nach dem Fehler zu »greppen«, die Konfiguration anzupassen und den passenden »Daemon« neu zu starten. Für ihn ein Kinderspiel.

HARDCODE-NERD

Verarbeitet im laufenden Betrieb Kaffee zu Quellcode.

Beim Programmieren gibt es wie in den Kampfkünsten vielerlei »Schulen«, um auf verschiedenen Wegen dasselbe Ziel zu erreichen. Und der Code-Nerd ficht heilige Kriege aus, um die Welt von seiner präferierten Programmiersprache, Editor oder Versionsverwaltung zu überzeugen. Der Code-Nerd betrachtet es als große Begabung, das Gefühl für Raum und Zeit zu verlieren. Hat er sich so in sein aktuelles Problem versenkt, »denkt er in Code« und man könnte locker einen Topf Geranien auf seinem Kopf abstellen, ohne bemerkt zu werden. Diesen Zustand der tiefsten Konzentration und höchsten Produktivität nennt er den »Flow«. Um möglichst lange im Flow zu bleiben, tut der Code-Nerd alles, um Kontext-Wechsel, also Ablenkung, zu vermeiden. Telefon abstellen. Pizza vom Lieferservice vor dem PC essen. Im Büro den Kapuzen-Pullover über den Kopf ziehen. Oder am allerbesten … sich in seine gebaute Denkumgebung aus Büchern, Matrix-Postern und angesammeltem »Gear« einmummeln.

MOBILE-NERD

Ich hab als Erster getwittert, dass bei
Starbucks wieder das WiFi ausgefallen ist.

Mobile-Nerds sind mächtig cool. Im Gegensatz zu den anderen Nerds ist Coolness auch ihr Kapital. Sie sind supervernetzt, kennen alles und haben immer alles als Erste. Besonders haben sie auch immer als Erstes eine Meinung. Die wird dann Realtime der Welt mitgeteilt. Und weil die Welt den Mobile-Nerds glaubt, ist ihre Meinung über die Dinge, die sie als Erste haben, superwichtig. Wenn der Mobile-Nerd Code schreiben kann, baut er ab und an auch mal selbst eine App für die Dinge, die er als Erstes hat. Oder eine tolle Webseite. Oder er kennt einen in Indien. Der baut die dann für ihn. Und weil ihn so viele Leute so super kennen, gibt es auch ganz viele Leute, die darüber berichten. Und dann kaufen die Leute die Super-App vom Mobile-Nerd. Und weil der Mobile-Nerd mal in einem Coffee-Shop ein super Buch von Dieter Rams gelesen hat, sieht die App auch ganz toll aus und verkauft sich supergut. Super super ... super.

ENGINE-NERD

Wer andern eine Bratwurst brät, braucht ein Bratwurstbratgerät!

Der Engine-Nerd entwickelt Dinge, die man anfassen kann. Zum Beispiel einen Hybrid-Motor. Oder einen MP3-Player. Oder einen Satelliten. Für den Engine-Nerd ist ein Auto nicht nur ein Haufen Metallteile in Öl. Er sieht hinter die Fassade und hat den ultimativen Röntgenblick in die Black-Boxes, die wir täglich benutzen. Alles ist ein System. In Metall geronnene Ideen, strukturiert über Abstraktionen und Schnittstellen. Um seinem Faible für Exaktheit und genaueste Dokumentation stets gerecht zu werden, muss ein Engine-Nerd mindestens drei Kugelschreiber mit sich führen. Er steckt die Stifte in die Hemd- oder Sakkotasche oder in die Spirale seines Schreibblocks. So entkommt ihm kein genialer Gedanke und kein Dokument seinen metikulösen Anmerkungen. Denn der Engine-Nerd weiß, dass sich sein Perfektionismus auszahlen wird. Entgegen allen Unkenrufen will er schaffen, was niemand für möglich hielt. Umso mehr wurmt es ihn, wenn Extrovertierte aus seinem Werk Erfolge schöpfen, die er so nicht erreicht hätte. Doch zum Glück gibt es ja Patente. :-)

CONSULTING-NERD

Wir modellieren mit BPML die Geschäftsprozesse, die wir als Services über eine SOAP-API und WSDL integrieren und in der n-Tier-Architektur über EJB-Container an das SAP anbinden. Bingo!

Consulting-Nerds haben viel Zeit in Meetings mit dem Management diverser Unternehmen verbracht. Daher rührt auch das Faible für Buzzwords und die Eigenheit, kompletten Mist mit »historisch gewachsen« nett zu umschreiben. Der Consulting-Nerd ist der Einzige unter den Nerds, der die Früchte seiner Arbeit nicht als persönliches »Baby« hegen und pflegen möchte, sondern nach der Konzeptionsphase zum nächsten Projekt springt. In der abschließenden Powerpoint-Präsentation werden dabei die hässlichen Details der Umsetzung in einer einzigen Zahl aggregiert: den geschätzten Manntagen bis zur Fertigstellung. Die ganz besondere Fähigkeit des Consulting-Nerds ist neben dem technischen Können die Begabung, mit der gefürchteten »Fachabteilung« umzugehen. Dafür wird er verdientermaßen königlich entlohnt und pfeift abends fröhlich »heute hier, morgen dort« auf dem Weg zum Aufzug.

SECURITY-NERD

Vertraue niemandem, nicht einmal mir.

Der Security-Nerd will Angreifern immer eine Nasenlänge voraus sein: Das ist seine große Leidenschaft. Security by Obscurity liegt ihm nicht, sondern er versteht genau, welcher seiner Sicherheitsmechanismen welchen Hackerangriffen standhalten. Mit einem Freudentanz feiert der Security-Nerd die Sicherheit seiner Systeme, wenn die Medien wieder einmal über gestohlene Kreditkartendaten oder StuxNet-Angriffe auf Steuerungssysteme berichten. Logbuch: Heute wieder erfolgreich DDoS etc. abgewehrt.

10

DES NERDS LIEBSTES VON A BIS Z

Um den Nerd zu verstehen, muss man nicht nur wissen, wie er tickt, sondern auch die Themen kennen, mit denen er sich am liebsten auseinandersetzt, die Trigger eines Satzes erkennen, verstehen und wissen, was er damit aussagen will (was in manchen Fällen auch für Kenner und Experten der Spezies nicht leicht ist).

Oder besser gesagt: seine Sprache sprechen.
Nerd – Normalo
Unplugged!
Die folgenden Begriffe sind für den gängigen Nerd- und Geek-Sprachgebrauch unentbehrlich. Bald wirst du, lieber Leser, nicht nur den Nerd deines Vertrauens slash Geek am Nachbartisch verstehen, sondern den Zauber der Nerdisierung am eigenen Leibe erfahren!

A WIE ...

Abkürzungen: Nirgends werden lieber Abkürzungen benutzt als in technischen Bereichen beziehungsweise IT-Berufen. Das reicht von AGESA (AMD Generic Encapsulated Software Architecture – auf Verständlich: Die Software steuert die Aktivierung der einzelnen Kerne der Mehrkernprozessoren) über GOOSE (Generic Object Oriented Substation Events – ein echtzeitfähiges Netzwerkprotokoll zur Steuerung von Geräten über Ethernet-Netzwerke) bis hin zu ZFS (Zettabyte File System – ein Dateisystem).

Aber nicht nur in der Hard- und Softwarebranche werden gerne Abkürzungen benutzt, auch in Chats neigen Nerds und Geeks zu den unmöglichsten Abkürzungen, die mittlerweile in den Netzjargon übergangen sind.

Hier einige Beispiele:

- YAGNI (You Ain't Gonna Need It – Du wirst es nicht brauchen)
- 4YEO (For Your Eyes Only – Nur für deine Augen bestimmt)
- DAU (Dümmster Anzunehmender User)
- DFTT (Don't Feed The Troll – Bitte den Troll nicht füttern)
- FUBAR (Fucked Up Beyond All Repairs – Total im Arsch)
- GIDF (Google Ist Dein Freund)
- IMNSHO (In My Not So Humble Opinion – Meiner nicht ganz bescheidenen Meinung nach)

- SNAFU (Situation Normal, All Fucked Up – Operation gelungen, Patient tot)

- TOFU (Text Oben, Fullquote Unten)

- w00t (ein erstaunt-erfreutes »Wie bitte?«)

Dabei gilt die große Regel: Netzjargon bleibt im Netz. Ansonsten heißt es aus der Nerd-Ecke: »Rofl, er hat im Real Life ›lol‹ gesagt!«

Amigurumi: Stricken und Häkeln lernt Mann eigentlich nicht in der Schule, Frau jedoch zu 69 Prozent – wenn sie denn Handarbeit als Fach in der sechsten Klasse belegt (wie die Autorin). Beides kann ziemlich langweilig sein, wenn man an die typischen Geschenke wie Topflappen denkt. Jedoch kann man weitaus mehr mit Wolle machen als nur schiefe Topflappen.

Amigurumi (aus Japan importiert) sind aus Wolle gehäkelte, kleine Wesen (Tiere, aber auch Charaktere aus Mangas, Filmen oder Gegenständen), die man zum Beispiel als Schlüsselanhänger benutzen kann. Was das Besondere an diesen Häkeltierchen ist? Nun, sie sind selbst und handgemacht und damit ein Unikat ... und sie sehen unglaublich kawaii aus!

Anglizismen: Wie man an den Abkürzungen schon sieht, sind Anglizismen ein absoluter Hype in der Nerd-Branche. Ohne Denglisch läuft nichts und niemand. So gut Nerds allerdings auch darin sind, ihr Fachdenglisch zu perfektionieren, ihr Small Talk ist not the yellow from the egg – erwähnt man das jedoch, wird der Nerd foxdevils wild.

Angry Video Game Nerd: James Rolfe ist der durch YouTube bekannte Angry Video Game Nerd, der Spiele nicht nur rezensiert, sondern sie derbe verreißt (nicht jugendfreie Ausdrucksweise, kreative Schimpfwörter und Fäkalsprache gehören hierbei zum Repertoire des Angry Video Game Nerd). Dabei ertränkt er seinen Kummer und Frust über schlechte Spiele – von denen es bekanntlich mehr als genug gibt – vor der Webcam in Bier.

James Rolfe spricht dem Game-Nerd mehr aus der Seele als alle Spiele-Magazine zusammen. Durch die stetig wachsende Fan-Gemeinde (der Nerd-Anteil kann nur geraten werden) wurden auch die Medien auf den Game Nerd aufmerksam und CNN brachte sogar einen kurzen Beitrag über seine Serie *You Know What's Bullshit!*.

Animes: Jeder kennt sie – der Nerd liebt sie. Er kennt sich bestens damit aus und besitzt meist eine bestaunenswerte Sammlung an DVDs – die er allerdings nur auserwähltem Publikum vorführt. Denn was dem einen seine Briefmarken sind, sind dem Nerd seine Anime- und Mangasammlungen.

Der Begriff »Anime« kommt aus Japan und steht kurz für »Animēshon« (jap. アニメーション), in Japan der Begriff für alle Arten von Animationsfilmen.

Wer ist nicht mit *Wickie und die starken Männer*, *Barbapapa*, *Die Biene Maja*, *Pinocchio* oder *Heidi* aufgewachsen? Welches Mädchen wollte nicht so stark wie Mila Superstar sein, welcher Junge nicht so cool wie Saber Rider und die Starsheriffs? Viele haben sich nach der Schule erst einmal vor den Fernseher gesetzt und Georgie zugesehen, wie sie in Australien aufwächst, sind mit Lady Oscar durch die Französische Revolution geritten oder haben mit Flash Gordon gegen den gnadenlosen Imperator Ming gekämpft. Serien wie *Sailor Moon* und *Dragonball* wurden Kult und lösten eine neue Fanbewegung aus – der Otaku war geboren.

Heute spielen Animes im deutschen Fernsehen leider eine untergeordnete Rolle, was dem Hardcore-Fan jedoch vollkommen schnurz ist – wozu gibt es schließlich Internet. Es gibt zudem noch deutschsprachige Anime-Fach- und Jugendmagazine, die sich eigens an die Klientel mit dem Faible für lange Beine, große Köpfe und überdimensionale Augen richten.

Die bekanntesten Anime-Produktionsfirmen beziehungsweise -Studios sind:

- Bee Train (*Noir, .hack//SIGN, Madlax, El Cazador*)

- Bones (*Wolf's Rain, Fullmetal Alchemist*)

- GAINAX (*Neon Genesis Evangelion, Die Macht des Zaubersteins, FLCL*)

- Kyōto Animation (*Die Melancholie der Haruhi Suzumiya, Kanon, Lucky Star, Clannad, K-On!*)

- Production I.G (*Ghost in the Shell 2: Innocence, Neon Genesis Evangelion: The End of Evangelion, Blood – The Last Vampire, Jin-Roh*)

- Studio Pierrot (*Naruto, Bleach, Saber Rider*)

- Sunrise Inc. (*Inu Yasha, Cowboy Bebop, The Vision of Escaflowne, Code Geass*)

- Tōei Animation (*Sailor Moon*, *Dragonball*, *Captain Future*, *One Piece*)

- Studio Ghibli (*Prinzessin Mononoke*, *Chihiros Reise ins Zauberland*, *Das wandelnde Schloss*, *Arrietty – Die wundersame Welt der Borger*)

Um in der Welt der Nerds, Otakus und Geeks mitreden zu können, muss man ein bisschen cineastische Bildung mitbringen und wissen, wie sich diese Filme und Serien gliedern, denn im Gegensatz zu US-amerikanischen oder anderen westlichen Produktionen haben die Japaner ein anderes Genre-Verständnis.

Hier ein paar spezifische Genres:

- Shōnen (jap. »Junge«): Mangas oder Animes für männliche Jugendliche, oft den Genres Action, Science-Fiction und Fantasy zuzuordnen.

- Shōjo (jap. »Mädchen«): Mangas oder Animes für weibliche Jugendliche, oft auch Liebesgeschichten.

- Seinen (jap. »junger Mann«): Die Zielgruppe sind Männer von 18 bis 30 Jahren. Sie sind anspruchsvoller, ihr Inhalt ist meist erotischer oder brutaler.

- Josei: Weibliches Pendant zu Seinen.

- Ecchi: Diese Animes beinhalten nach der westlichen Definition nur leichte sexuelle Andeutungen.

- Sentai (jap. »Kampfteam«): Bezieht sich auf Sendungen mit einem Team aus Superhelden.

☆ Shōnen Ai (jap. »Jungenliebe«): Die Übersetzung ist selbsterklärend.

☆ Yuri: Animes und Mangas, die Liebe und Romantik zwischen weiblichen Charakteren zum Inhalt haben.

Mit diesem Wissen bist du bestens gerüstet, um einem Otaku die Stirn bieten zu können.

Anonymous: Hacker. Was sind sie für uns? Kriminelle, wenn man nach dem Richtlinienentwurf der EU geht. Die Strafe liegt bei drei Jahren Haft für einfache Angriffe mit Bots und bei mindestens fünf Jahren, wenn zum Beispiel Regierungsnetzwerke, Kraftwerke oder Verkehrsnetze angezapft beziehungsweise beeinträchtigt werden. Hacken ist also gesetzeswidrig.

Man muss nicht Hacks wie Kevin Mitnick, John T. Draper, Karl Koch, Gary McKinnon, Kevin Poulsen oder (der Berühmteste von allen) Julian Assange tätigen oder Whistleblower sein, um als Staatsfeind zu gelten. Es reicht schon, die Kontrolle über sämtliche Telefonleitungen eines Radiosender zu übernehmen, um sicherzugehen, dass der erste Preis an einen selbst geht. Schlau, nicht?

Mit mehr Medienwirksamkeit setzt sich die Guy-Fawkes-Masken-tragende Gruppe Anonymous ein, eine besondere Hackerbewegung, der auch Nerds zwiegespalten gegenüberstehen: Für die einen ist die Bewegung der Teufel des Internets, für die anderen sind ihre Anhänger Superhelden der Neuzeit. Warum Superhelden? Nun, sie decken Dinge auf, die Regierungen im Geheimen zu halten versuchen (siehe WikiLeaks) und kämpfen für ein freies Internet. Sie begehren gegen Ungerechtigkeit auf … und viele sind nicht einmal bei Mami und Papi daheim ausgezogen. So machte im Juli 2011 ein 13-jähriger Hacker von sich reden, der angeblich an einem Hack beteiligt gewesen war, im Zuge dessen rund ein Gigabyte an Daten der NATO gestohlen wurde. Man merkt es langsam. Teenager bedrohen die Welt.[13]

Anonymous gründeten sich ursprünglich aus Spaß an der Freude. Aus dem Imageboard *4chan* geboren, wandelte sich 2008 die Gruppe: Sie wurde politisch. Von den Hacker-Attacken sind allerdings nicht nur Konzerne, staatliche Behörden oder Scientology betroffen. Auch sozialen Ungerechtigkeiten im World Wide Web wird von Anonymous nachgegangen (so suchte die Gruppe nach dem Erpresser der durch Cyber-Mobbing in den Freitod getriebenen 15-jährigen Kanadierin Amanda Todd).

Also doch Superhelden und keine Terroristen? Nun … »Kinder« würde es eher treffen, denkt man an das berüchtigte Führungsmitglied Tflow, das gerade einmal 16 Jahre alt ist. Sie sind gerade im richtigen Alter, um Mobbingopfer an ihrer Highschool zu sein – vielleicht sind sie deshalb so sensibel, was soziale Ungerechtigkeit angeht. Social-Media-Plattformen wie Facebook dienen Anonymous dabei als Rekrutierungsportal.

Ihr Motto lautet: »We are Anonymous. We are Legion. We do not forgive. We do not forget. Expect us.«

Man sieht, Anonymous sind keine gewöhnlichen Verbrecher, man sollte sie nicht über einen Kamm mit Kim Schmitz (Besitzer des Sharehosters Megaupload) scheren.

Die Aktivisten von Anonymous balancieren auf einem schmalen Grat zwischen Idealismus und Auftrags-Hacks. Was dann besonders gefährlich für die noch sehr jungen Hacker wird, die nach Freiheit und Transparenz streben in einem Staat, der überreagiert, weil er mit der digitalen Jugend (also den Digital Natives) nicht umgehen kann.

Hast du Blut geleckt, lieber Leser? Willst du auch ein Hacker werden, der für die Freiheit kämpft? Nun, bevor man Hacker wird, sollte man nicht nur Programmieren lernen und wissen, wie man

UNIX und das Web benutzt, sondern sich auch den Respekt der Hacker-Community verdienen. Wie man das macht?

- Indem man nützliche Software schreibt, die jeder kostenfrei nutzen kann.

- Indem man anderen Hackern beim Debugging kostenloser Programme für die breite Bevölkerung hilft.

- Indem man FAQs erstellt, die wesentliche Fragen zu internetrelevanten Themen – wie Hacks, Transparenz, Umgang mit eigenen/fremden Daten et cetera – beantworten.

- Indem man die Arbeit, die Hacker nur unter Protest machen, wie die Kommentierung von Quellcode, für sie erledigt (die Hackerbewegung lebt von freiwilliger Arbeit). Und schließlich:

- Indem man die Hackerkultur am Leben erhält.

Hacker sind außerdem ziemlich wortgewandt, halten sich aber immer zurück, sobald es im Internet zu Shitstorms oder Flame-Wars kommt.

App: Kurz für »Applikation«, unter Jamba-Abonnenten auch »App-zocke« genannt. Apps sind kleine Anwendungsprogramme für Tablets und Smartphones (Spiele, Nachrichten, Online-Dienste) und nicht mehr alleine eine Spielwiese der Nerds – besonders seit *Android-Apps entwickeln* von Uwe Post erschienen ist. Für alle i-Produkte gibt es andere Bücher, zum Beispiel *iPhone Apps Entwicklung für Dummies*. Es sei aber vor iOS6 gewarnt. Der Weg ans Ziel könnte länger werden.

Asimov, Isaac: Der bekannte russisch-amerikanische Biochemiker, Sachbuchautor und Science-Fiction-Schriftsteller starb am 6. April 1992 in New York infolge einer HIV-Erkrankung. In seinen 73 Lebensjahren hatte er zwar nie einen Nobelpreis für Physik erhalten, ist aber einer der bekanntesten Science-Fiction-Autoren – und geistiger Vater der Robotertechnik: So stellte Asimov die drei wichtigsten Gesetze der Robotik auf, die Wissenschaftler, Nerds und Autoren auch heute noch beherzigen:

1. Ein Roboter darf kein menschliches Wesen (»wissentlich«) verletzen oder durch Untätigkeit gestatten, dass einem menschlichen Wesen (»wissentlich«) Schaden zugefügt wird.

2. Ein Roboter muss den ihm von einem Menschen gegebenen Befehlen gehorchen – es sei denn, ein solcher Befehl würde mit Regel 1 kollidieren.

3. Ein Roboter muss seine Existenz beschützen, solange dieser Schutz nicht mit Regel 1 oder 2 kollidiert.[14]

Wie auf Wikipedia nachzulesen ist, setzt Asimov voraus, dass alle Roboter diesen Gesetzen gehorchen müssen, damit sie nicht zu eigenem Bewusstsein gelangen – was uns nicht erst seit *Matrix, Terminator, A.I. – künstliche Intelligenz* und *Blade Runner* einen kalten Schauer über den Rücken jagen dürfte. Die Roboter reagieren dabei auf Regeln, ähnlich wie heutige Computersysteme, die nach dem Binärsystem operieren: 0 = Nicht ausführen; 1 = Ausführen.

Der Scifi-Robotik-Vater hat also nicht nur wichtige Gesetze aufgestellt, die sich unsere immer digitalisiertere Welt zu Herzen nehmen sollte, sondern warnt auch vor den Konsequenzen, die intelligente und eigenständig lernende Androiden mit sich bringen. Beware of the Robokalypse!

Augmented Reality / erweiterte Realität: Augmented Reality (AR) erobert unseren Alltag (teils umgesetzt zum Beispiel bei Google Street View). Die Verknüpfung von Welten durch die Überlagerung von virtuellen Informationen mit der realen Umgebung eröffnet Technikherstellern und Programmierern völlig neue Möglichkeiten – die computergestützte Erweiterung der Realitätswahrnehmung mit allen Sinnen. Noch kennen sich die wenigsten damit aus, doch AR wird eines der ausschlaggebenden Themen der nächsten Jahre!

B WIE ...

Battlestar Galactica: »Was macht ein Krieger, wenn er eine große Schlacht verloren hat? Er versucht, ein paar kleine zu gewinnen.« (Zitat aus: *Kampfstern Galactica*)

Battlestar Galactica ist die Neuauflage der zwischen 1978 und 1980 entwickelten und produzierten Science-Fiction-Fernsehserie *Kampfstern Galactica* (24 Folgen), in der es um die Flucht der letzten Menschen vor den Zylonen geht, die sich gegen ihre Erbauer – die Menschen – erhoben haben.

Unter Führung von Commander Adama begibt sich der letzte Kampfstern Galactica mit einem Konvoi von Flüchtlingen, die auf 220 Schiffen zusammengepfercht sind, auf die Flucht vor den Zylonen und auf die Suche nach einer neuen Heimat: der verschollenen, sagenumwobenen 13. Kolonie, dem Planeten Erde. Dabei werden sie von zylonischen Basisschiffen verfolgt.

Zwischen *Battlestar Galactica* und *Kampfstern Galactica* gibt es ein paar Unterschiede, die manche Fangruppen spalten:

- In der Originalserie *Kampfstern Galactica* waren die Zylonen außerirdische Wesen und nicht von den Menschen erschaffene künstliche Intelligenzen.

- Die Schiffe der Flotte nutzen den Treibstoff Tylium für ihren Antrieb. Tylium wird ebenfalls in der Sci-Fi-Serie *Star Trek: Raumschiff Voyager* auf den Schiffen der Hirogen zur Energieversorgung verwendet.

- Ebenso sind zwei Hauptcharaktere, Starbuck und Boomer, Frauen (in der früheren Serie undenkbar) – und hin und wieder kann ein Hauptdarsteller sich als Zylone entpuppen.

> 🪐 Der Erste Offizier ist in der Neuverfilmung ein Säufer und die ganzen Charaktere werden wesentlich tiefer behandelt als in der alten Serie.

Überzeugend sind nicht nur die exzellenten Schauspieler der Serie, sondern auch die dramatische Geschichte über das Überleben der Menschheit und die Probleme der Menschen auf dem riesigen Sternenkreuzer. Es ist keine 08/15-Serie und völlig anders als *Star Trek* oder *Stargate*. Es sind die Menschen, die zwischenmenschlichen Konflikte, die diese Serie vorantreiben. Zwar schwächelt die Serie nach einer Weile, aber mit der vierten Staffel und einem Ende, das jedem die Tränen in die Augen treibt, versöhnt sie einen auf ganzer Strecke. Sie gehört zum Nerd-Kulturgut, auch wenn es in dem Sinne keine Helden gibt, jedenfalls keine, wie man sie aus bekannteren SF-Serien und -Filmen kennt.

Berühmteste Erfinderinnen der Welt: Nicht nur Männer wie Carl Benz (Automobil), Hans Riegel (Gummibärchen) und Carlton C. Magee (Parkuhr) sind für ihre Erfindungen bekannt, auch viele Frauen haben nicht nur sich selbst das Leben leichter gemacht.

Dabei hatten es Frauen ungleich schwerer, Wissen anzusammeln, als Männer, denn schlaue Frauen waren in den früheren Jahrzehnten und Jahrhunderten verpönt. Bis Ende des 19. Jahrhunderts ermöglichte kein deutscher Teilstaat auch nur einer Frau, ein ordentliches Studium zu beginnen. Erst zum Wintersemester 1899/1900 durfte sich die erste Frau ordnungsgemäß immatrikulieren. Wenn Frauen vor 1899 hätten studieren wollen, wäre ihnen nichts anderes übrig geblieben, als nach Frankreich auszuwandern oder in die Schweiz zu gehen, denn dort durften schon 1867 die ersten Frauen als Gasthörerinnen beisitzen – allerdings auch nur in der Medizin. Das Wissen, die notwendigen Kenntnisse mussten sich die frühen Erfinderinnen also in Eigenregie aneignen.

Deswegen sollte diesen Pionierinnen noch mehr Aufmerksamkeit geschenkt werden als ihren männlichen Kollegen.

Hier eine kleine Liste der bekanntesten Erfinderinnen[15] und ihrer Erfindungen, ohne die das moderne Leben nicht so wäre, wie es jetzt ist:

- **Hedy Lamarr – Frequency Hopping:** Ohne sie gäbe es kein Bluetooth, kein WiFi, keine Mobiltelefone (geschweige denn Smartphones). Dabei war Hedy eigentlich eine Schauspielerin ... zumindest war sie ihrerzeit nur als solche berühmt. Wie kam sie also dazu, das Frequency Hopping zu erfinden? Alles begann 1940 auf einer Dinnerparty, als Hedy den Komponisten George Antheil kennenlernte. Zusammen mit ihm konstruierte Hedy ein Gerät zur abhör- und störungssicheren Funkfernsteuerung von Torpedos und legte damit den Grundstein für die heutige Telekommunikationstechnik.

- **Mary Anderson – Scheibenwischer** (1903)

- **Florence Nightingale – Polar-Area Diagramm:** Nicht nur eine einflussreiche Frau und Reformerin des Gesundheitswesens, sondern auch eine Frau, die Statistiken liebte – anhand derer sie Krankheiten und damit verbundene Todesfälle visuell aufbereitete. Das Polar-Area Diagramm ist ihr Werk, ihr Baby. Aus diesem Grund gilt sie als Pionierin, was die Visualisierung analytisch-mathematischer Zusammenhänge betrifft.

- **Lise Meitner – Kernspaltung:** Zusammen mit Otto Frisch lieferte sie 1939 die erste physikalisch-theoretische Erklärung der Kernspaltung.

- **Marie Curie – Entdeckerin der Radioaktivität** (1903)

- **Käthe Paulus – Faltbarer Fallschirm:** Käthe Paulus war Offenbacherin. Wer die Stadt am Main kennt, wird wissen, dass sich die Menschen dort gerne in Lebensgefahr begeben (über 200 Körperverletzungen und 5.817 Delikte pro 100.000 Einwohner). Man könnte sogar sagen, dass sie damit aufgewachsen sind. Die unverbesserliche Abenteurerin und Herzensbrecherin Katharina Paulus war die erste deutsche Berufsluftschifferin und Luftakrobatin und erfand außerdem den zusammenlegbaren Fallschirm.

- **Melitta Benz – Kaffeefilter** (1908)

- **Josephine Cochrane – Geschirrspüler:** Schon im 19. Jahrhundert (1886) erfand die spülfaule Amerikanerin (deren Dienstmädchen auch immer das Porzellan kaputt warfen) den Geschirrspüler, für den ihr bis heute Männlein und Weiblein dankbar sind. Früher bestand das Gerät aus Drahtfächern für Teller und Tassen, die an einem Rad befestigt waren. Der Geschirrspüler wurde 1893 auf der Weltausstellung in Chicago gezeigt.

- **Henrietta Swan Leavitt – Entfernungsmessung mithilfe veränderlicher Sterne:** Die amerikanische Astronomin entwickelte 1913 eine Methode, weltraumumfassende Entfernungen zu ermitteln, den sogenannten Harvard-Standard. Sie ging von der Pulsation und Helligkeit bestimmter Sterngruppen aus, erstellte darauf basierend ein Diagramm und erreichte so eine nahezu exakte Entfernungsbestimmung dieser Gruppen zur Erde.

- **Marga Faulstich – Optische Gläser** (1973): In 44 Jahren arbeitete sich die Glaschemikerin von der Hilfskraft zur Wissenschaftlerin hoch – mit dualem Chemiestudium, das sie aber aufgrund des zweiten Weltkrieges abbrechen musste. Die Grundlagen, die Marga während ihres Lebens erforschte, finden heutzutage bei Sonnenbrillen, Spiegelfassaden, entspiegelten Bildschirmen und Brillengläsern Anwendung. Marga war nicht nur eine der ersten weiblichen Führungskräfte von Rheinland-Pfalz und Teil des »Zug der 41 Glasmacher«, sondern reichte auch bis zum Ende ihrer Lebzeit 40 Patente ein.

Bester Captain der Sternenflotte: Es ist der Streit der Streite, der Krieg der Kriege, die Konfrontation der Meinungen, das Spaltthema der Trekkie-Gemeinde, die ewige Frage: Wer ist der beste Captain der Sternenflotte? Zur Auswahl stehen:

- James Tiberius Kirk (*Star Trek*)
- Jean-Luc Picard (*Star Trek: The Next Generation*)
- Benjamin Sisko (*Star Trek: Deep Space Nine*)
- Kathryn Janeway (*Star Trek: Voyager*)
- Jonathan Archer (*Star Trek: Enterprise*)

Dieses Diagramm gibt lediglich die Meinung der Menschen, die befragt wurden, wieder. (Leute wie du und ich, die auf der einen Seite ihres Bettes ein Bild von Captain Kirk und auf der anderen Seite eines von Picard haben, die gerne ein Rendezvous zwischen Data und Seven of Nine gesehen hätten, die wissen, dass die Enterprise im Jahr 2245 das erste Mal in Betrieb genommen wurde und dass

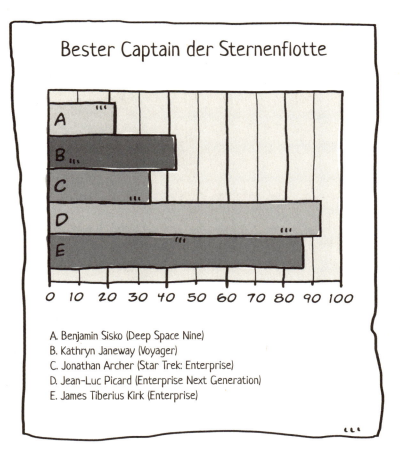

es eine A-, B-, C-, D- und E-Klasse gab, und die sich leidenschaftlich darüber streiten können, ob die neuen *Star Trek*-Filme von J. J. Abrams ein Verbrechen an Gene Roddenberrys Meisterwerk darstellen oder nicht.) Es lässt sich daran jedoch unschwer die größte Meinungsverschiedenheit unter den Trekkies und Nerdisten ablesen: Kirk oder Picard?

Bestes Büro der Welt: Der gemeine Nerd oder Geek kann nicht überall arbeiten. Er braucht eine besondere Umgebung und Pflege, um sein volles Potenzial ausschöpfen zu können. Wie sieht also das perfekte Büro eines Nerds aus?

Bunt muss es sein … verspielt, mit vielen Formen, die den Geist anregen: Superhelden-Pappaufsteller für die Motivation, Filmplakate von Iron Man/Tony Stark (dem coolsten Superhelden und Ingenieur der Geschichte), kostenlose Comichefte auf der Toilette (denn nur dort kann man wirklich ungestört entspannen). Die Technik ist natürlich auch ein wichtiger Faktor! Ein fester Arbeitsplatz ist schon lange out. Der Nerd will sich bewegen und von überall arbeiten können, ob nun mit Laptop, Tablet oder Handy. (Schön wäre auch ein schwebender Sessel, der einem überallhin folgt. Haben wir nicht bald 2015? Wo bleibt das versprochene Hoverboard aus *Zurück in die Zukunft II*?)

Skypen ersetzt das Hetzen zum Telefon, und Meerwasseraquarien mit psychedelischer Musik sorgen für eine erholsame Mittagspause – wenn man diese nicht gerade im bunt beleuchteten Sole-Schwimmbad verbringt (natürlich mit traumhafter Unterwasser-Entspannungsmusik beziehungsweise Walgesängen) oder von einer überdimensionalen Rutsche ins Bällebad gleitend.

Pflanzen in den Gängen sind wichtig sowie viele Kaffeeautomaten, die dem Nerd den Tag versüßen. Wo wir bei versüßen sind … Automaten mit Snacks (natürlich auf Kosten des Arbeitgebers) und Club Mate gehören selbstverständlich auch in so eine traumhafte Umgebung. Und einmal in der Woche muss es Pizza und Sushi geben – die Lieblingsspeisen der Nerds (zumindest der Nerds, die die Autorin kennt). Das wäre ein (Arbeits-)Leben! Ein einziger Traum. Wer möchte da schon krank machen oder nicht bis 20 Uhr arbeiten?

Leider sind solche Büros Träume, und Träume sind bekanntlich Schäume. Nette Ansätze bieten allerdings diese ziemlich tollen Nerd-Büros, in denen sich die Spiel- und Kellerkinder mehr als wohlfühlen dürften:

Googles Hamburgbüro:[16] Googles Büros sind bekannt dafür, anders zu sein, an ihnen dürfen sich die Innenarchitekten so richtig austoben. Jede Etage hat ein Thema. Mal ist es »Verkehr«, mal »Strand« oder »Sport«. Ein Raum ist gestaltet wie ein Hallenbad – inklusive Pool mit Schaumstoffwürfeln als Wasser-Ersatz. Außerdem sorgt Google dafür, dass die Mitarbeiter jederzeit zu essen und zu trinken haben. Auf jedem Stockwerk befinden sich Getränke und kleine Snacks. Wegen dieser guten Versorgung sind die »Google 7« berüchtigt: sieben Kilo, die Neulinge zulegen. Und im Google-Büro Zürich gibt es sogar Rutschen und Feuerwehrrutschstangen, an denen die Mitarbeiter von einem ins nächstuntere Stockwerk herunterrutschen können.

Microsoft-Zentrale Österreich: Im neuen Firmengebäude gibt es keine festen Arbeitsplätze mehr. Mobile Rechner wie Notebooks oder Tablet-PCs können überallhin mitgenommen werden und haben von jedem Ort im Gebäude via WLAN Verbindung zum Firmennetzwerk und zum Internet. Es gibt fünf Arbeitsinseln, die nach unterschiedlichen Kernthemen und entsprechend der asiatischen Harmonielehre Feng Shui gestaltet sind.

Three Rings in San Francisco:[17] Der Spieleentwickler aus der SEGA-Familie hat seine Büroräume nach dem Motto »Steampunk« gestaltet – einer Mischung aus viktorianischem Stil, Dampfmaschinen und Zahnrädern. Jeder Designer konnte seinen Schreibtisch individuell gestalten.

Inventionland in Pittsburgh: Das kunterbunte Wunderland, in dem mehr als 2.000 neue Erfindungen pro Jahr lizenziert werden. Das rund 5.700 Quadratmeter große Büro (insgesamt 6.500 Quadratmeter, wenn man die Räume

> der Nicht-Ingenieure, die nicht in dieser quietschbunten Welt arbeiten dürfen, einbezieht) hat 17 verschiedene Mottobüros zu bieten – von Piratenschiffen, Rennbahnen, Schlössern, Baumhäusern, riesigen Schuhen und einem überdimensionalen Roboter bis hin zu Höhlen ist alles dabei. Da wundert wohl niemanden das Motto von Inventionland: »The best work comes out of the spirit of play.«[18]

Beta-Phase: Nichts ist schöner und erfüllender für einen Nerd als der Betatest – ob es nun seine eigene Entwicklung ist, die getestet wird, oder ob er selbst testen darf. Die Beta-Phase ist die Phase vor dem eigentlichen Release und nach der Alpha-Phase (der ersten Phase nach Debugging des Spiels) – sozusagen der letzte Test, bevor ein Produkt, zum Beispiel ein Spiel, in die Massenproduktion geht. Fehler (Bugs) werden ausfindig gemacht, behoben und manchmal sogar Kleinigkeiten am Produkt selbst verändert, um es für den Käufer ansprechender zu machen.

Bei beliebten Spielen werden bekanntere Tester sogar eingeladen oder gebeten, mehrere Runden der Beta-Phase zu durchlaufen. Der Nerd kann durch seine Beta-Tätigkeit ein Level an Exklusivität erreichen, das manche Normalos niemals erreichen werden. Wer würde nicht gerne *World of Warcraft* oder *Age of Empires* vor dem eigentlichen Verkaufsstart testen?

Betriebssystem: In der Nerd-Szene gibt es um kaum etwas so viel Streit wie um das Betriebssystem. Es ähnelt einer politischen Schlacht, in der es keiner Partei gelingt, die absolute Mehrheit zu erreichen.

Da gibt es die drei Großen: **Microsoft Windows, Mac OS** (Apple – nicht zur verwechseln mit iOs, dem Standard-Betriebssystem der Apple-Produkte iPhone, iPod touch, iPad) und **Linux**.

Geeks tendieren mehr zu Mac OS, wohingegen Nerds die Linux-Distribution Ubuntu bevorzugen, weil sie die Programme umprogrammieren können.

Sowohl Geeks als auch Nerds ereifern sich wie alte Waschweiber über den Marktfürsten Windows (haben aber auf einer Top-Secret-Partition ihres Rechners Windows laufen – natürlich aus rein sicherheitstechnischen Gründen).

Bibliothekar/-in: Oder auch Informations-Geek genannt. Ein/e Bibliothekar/-in kann genauso Geek oder Normalo sein wie jeder andere Mensch auch, jedoch ist er/sie aufgrund der Nähe zu Büchern ein Stückchen näher am Bücherwurm-Geek als alle anderen Menschen. Der Informations-Geek beschafft jedem Menschen, der eine Bibliothek betritt, auf schnellstmöglichem Weg die Informationen/Bücher, die er benötigt. Wird ein Informations-Geek jedoch über einen längeren Zeitraum gelangweilt oder unterfordert, flüchtet er in seine durchstrukturierte, organisierte Fantasywelt.

Binärzahlen/Binärcode/Binärsystem: 011011100110010101 11001001100100 (was in Binär so viel heißt wie: Nerd). Als Binärsystem wird ein Zahlensystem bezeichnet, das nur aus Nullen und Einsen besteht. Dieses System wurde geschaffen, damit Nerds nur zwei Zahlen lernen müssen. Denn für den Nerd ist die 1 neben der 42 die mächtigste Zahl im Universum. Zumindest, wenn der Nerd sich mit seinen Nerd-Kollegen auf Binärisch »unterhält«.

Und nun in echt: Gegen Ende der 30er-Jahre bewies der Mathematiker Claude Shannon, dass es möglich ist, mit Schaltern, die entweder geschlossen (»wahr« = 1) oder offen (»falsch« = 0) stehen, logische Operationen durchzuführen. Die Form dieser Informationscodierung heißt Binärsystem. Computer, Smartphones, Tablet-PCs und die geliebte Spielkonsole funktionieren mit diesem Code.

Manch geübter Nerd kann aus der Aneinanderreihung von Nullen und Einsen sogar Buchstaben, Wörter oder gar ganze Bilder herauslesen.

Blogger: Blogs werden meist von mitteilungsbedürftigen Menschen geführt, die der Welt ihre Wichtigkeit kundtun wollen. Darunter fallen pL4ygirLs, Emos, Gruftis, Ich-kriege-einen-Zuckerschock-Teenie-Girl und der allseits bekannte Erasmus-Student. Von Hobbys, Urlaubsfotos, bis hin zu Musik und Bildern von weinenden Augen und Lippen – alles, was keine Miete zahlt, muss raus.

Was das mit Nerds zu tun hat?

Erst mal überhaupt nichts, so scheint es, aber schaut man in die andere Ecke, entdeckt man eine Blogger-Community, die es in dieser Form noch nicht lange gibt: die Bücherblogger.

Der Bücherblogger ist eine spezielle Art Nerd, denn er stellt nicht sich selbst auf seinem Blog vor, sondern Bücher, die er liest. Dabei liest diese Art Nerd nicht nur exzessiv Bücher (meist Fantasy-Romane von epischer Länge), sondern schreibt auch ellenlange Rezensionen darüber – welche wiederum die Verlage dazu anstacheln, ihm noch mehr »Stoff« zu verschaffen. Ein Bücherblogger spricht auch oft von einem »SuB«, wenn er über Bücher redet: SuB = Stapel ungelesener Bücher.

Was diesen Nerdismus so speziell macht, ist, dass es fast ausschließlich Frauen sind, die ihn betreiben (Single-Frauen mit Katzen und einem Tee-Suchtpotenzial, das jeden Briten erbleichen lässt). Aus diesem Grund sind diese Nerds äußerst schwer zu erkennen. Verwickelt man sie jedoch in ein Gespräch über die neueste Fantasy-Serie oder Buch-Neuerscheinungen, zeigen sie ihr wahres (Nerd-)Gesicht.

Um diesen Buch-Blog-Nerdines noch mehr Zündstoff zu geben, gibt es spezielle Websites (*LovelyBooks*, *Literatopia*, *fictionfantasy* et cetera), auf denen Bücher von Usern besprochen werden und die über Social Reading und persönlichen Kontakt mit Autoren tiefer in die Sucht führen.

Bronie: Was nach schokoladigem amerikanischen Kuchen klingt, ist in Wirklichkeit etwas, womit niemand so wirklich rechnet: männliche My-Little-Pony-Fans. Ja, es gibt sie. Und zwar gar nicht wenige. Von manchen Hackern werden die kleinen Pferdchen geradezu frenetisch verehrt. Auf dem 29C3 gab es sogar ein 108 Meter hohes My-Little-Pony-Leuchtbild. Nerds sind schon ein bisschen verrückt.

Browser: Es gibt fünf große Browser, die einen »Krieg« gegeneinander führen: Internet Explorer (Microsoft), Firefox (Mozilla), Chrome (Google), Opera (das Schweizer Taschenmesser unter den Browsern) und Safari (Apple). Es ist ein heiliger Krieg wie bei den Betriebssystemen, und obwohl Microsoft immer fleißig den Internet Explorer auf den Rechnern vorinstallieren lässt, gibt es nur wenige, die ihn tatsächlich benutzen.

Firefox has encountered an unexpected problem with Windows

Welcher Browser-Religion er angehört, muss der User selbst entscheiden. Er sollte sich dabei nicht von Fremden beeinflussen lassen. (OPERA!!!!)

C WIE ...

Chaos Communication Congress (29C3): Der Chaos Computer Club ruft, und die Hacker und Haecksen folgen – zur jährlichen Versammlung kommen Tausende (wenn auch nicht alle Mitglieder).

Zwischen Vorträgen wie »Die Wahrheit, was wirklich passierte und was in der Zeitung stand – Wie Medien unsere Wahrnehmung beeinflussen« und »Cyberpeace statt Cyberwar« werden Projekte vorgestellt und Computer (und sogar Kochtöpfe) gehackt. Außerdem gibt es Musik, ein Fernsehzimmer im Stil von *Star Trek*, und natürlich gibt es ein Bällebad – ein Becken, gefüllt mit bunten Plastikkugeln. Manche Klischees lieben und pflegen Geeks und Nerds eben mit Hingabe.

Chaos Computer Club: Seit 1984 ein Zusammenschluss von deutschen Hackern, die 2.300 bis 3.000 Mitgliedern haben es sich zur Aufgabe gemacht, Sicherheitslücken in öffentlichen Systemen zu finden. Der Club setzt sich »grenzüberschreitend für Informationsfreiheit ein und beschäftigt sich mit den Auswirkungen von Technologien auf die Gesellschaft sowie das einzelne Lebewesen«.[19]

Der CCC wurde gegründet, um Hackern eine Plattform zu geben und über digitale Aktivitäten (Hacks, neue Verordnungen, Viren, Trojaner et cetera) berichten zu können – er ist quasi der friedlichere Vorgänger von Anonymous. Die Mitglieder des Chaos Computer Clubs waren es auch, die 2011 eine technische Analyse einer staatlichen Spionagesoftware veröffentlichten. Diese Jungs und Mädels sind an Coolness und Nerdity kaum zu überbieten!

Chuck Norris: Eigentlich US-amerikanischer Kampfkünstler (Tang-Soo-Do- und Taekwondo-Meister (8. Dan)) und Action-Schauspieler. Er wurde durch Walker, Texas Ranger (er spielt die Hauptrolle, einen unbesiegbaren, gesetzestreuen Actionhelden) bekannt und gilt unter den Nerds, Geeks und in der Netzkultur als wahrer Last-Action-Superhero.

Hier einige Chuck-Norris-Facts:

- Chuck Norris hat bis Unendlich gezählt. Zwei Mal.

- Chuck Norris hat als Kind auch Sandburgen gebaut – wir kennen sie heute als Pyramiden.

- Chuck Norris hat Bud Spencer und Terence Hill verprügelt.

- Die Schweiz ist nur deshalb neutral, weil sie noch nicht weiß, auf welcher Seite Chuck Norris steht.

- Chuck Norris ist der Einzige, der die Zeit wirklich totschlagen kann.

- Chuck Norris ist der einzige Erziehungsberechtigte von Florian Silbereisen.

- Chuck Norris missbraucht Tabasco-Soße als Augentropfen.

- Chuck Norris hat den Roadrunner gefangen.

- Chuck Norris kann durch Null dividieren.

> 👤 Am Anfang war nichts ... Dann hat Chuck Norris diesem Nichts einen Roundhouse-Kick verpasst und gesagt: »Besorg dir 'nen Job.« Das ist die Story des Universums.
>
> 👤 Superman hat einmal eine Folge von *Walker, Texas Ranger* gesehen. Dann hat er sich in den Schlaf geweint.
>
> 👤 Chuck Norris kennt die letzte Zahl von Pi.[20]

Clan: Ein Clan ist wie ein Fight Club: Man verliert kein Wort über ihn. Zumindest nicht, wenn Nicht-Game-Nerds im Raum sind. Ein Clan ist im Netzjargon eine Gemeinschaft, die sich im Internet trifft, um bei einem Spiel gemeinsam ein Ziel zu erreichen. Bei World of Warcraft oder Counter Strike wäre so ein Ziel zum Beispiel, einen starken Gegner zu besiegen oder einen anderen Clan auszulöschen.

Manche Clans sind über einen längeren Zeitraum zusammen, und es gibt sogar Clans, die auch in echt Familien (Vater, Mutter, Kinder) sind und sich digital mit anderen Familien treffen, um auf Jagd zu gehen oder besondere Artefakte einzusacken. Im Internet ist nichts unmöglich!

Cloud-Computing: Hat ein Gerät die Daten, haben sie alle Geräte des Benutzers. Apple (iCloud) bietet den Service an, Linux, Amazon, Google (Google Drive), Microsoft (SkyDrive) und viele andere Anbieter ebenso.

Den Kunden sollen die Synchronisation ihrer Geräte und Datensicherungen in sogenannten Rechnerwolken, auf die sie immer und überall zugreifen können, als etwas Neues, Hippes und Cooles präsentiert werden. Was jedoch neu und toll aussieht, kennen die

Nerds schon seit Jahren, allerdings als reine »Public Cloud«, die sie alleine für einen bestimmten Personenkreis eingerichtet hatten. Wer einen Freund mit einem Server hat, der dessen Kapazitäten für Freunde bereitstellt (Speicher, Foren oder Games wie WoW), kennt eine private Cloud schon sehr gut. Denn anders funktionieren die Rechnerwolken der großen Firmen auch nicht.

Wer dachte, dass Apple oder Google mit ihren Clouds das Rad neu erfunden haben, wird also leider enttäuscht. Die Cloud als virtuelles Zuhause gibt es schon so lange, wie es Nerds gibt, die Server für bestimmte Gruppen betreiben.

Cocooning: Das Cocooning (oder Sich-Einspinnen) wurde von den Jugendlichen Ende des 20. Jahrhunderts perfektioniert. Sie haben sich in eine vernetzte, digitale Sphäre abgesetzt (auch »Facebook«, »Foren«, »MySpace«, »Twitter« oder »ICQ« genannt). Aber auch älteren Generationen ist das Cocooning nicht fremd – entdeckte man es doch schon bei archaischen LAN-Partys. Urbane Gewalt trifft auf Heimarbeit, Pizza-Lieferdienste auf Onlinegamer mit Headset.

Comic: Comics (wie Xena, Doctor Who, Green Lantern, Ghost Rider et cetera), auch »Grafische Literatur« genannt, sind für Nerds keine einfachen Hefte mit Zeichnungen, mit denen man die Zeit totschlägt. Sie sind Objekte der Begierde, Sammlerstücke … Für den Comic Book Guy (bürgerlicher Name: Jeff Albertson – S16E08) aus den Simpsons gibt es nichts Schöneres als den Duft von Comic-Schutzhüllen am Morgen – denn ein echter Nerd fasst seine Hefte nicht einfach an, er schweißt sie sorgfältig ein, um sie für die Nachwelt zu bewahren.

Conventions: Ob Gamescom, RingCon oder Roleplay Convention – Cons sind nerdig, und das wird auch immer so bleiben! Aber was ist überhaupt eine Convention?

Eine Convention ist ein Treffen, das zu einem bestimmten Thema stattfindet. Viele Conventions bieten Möglichkeiten zum Einkauf an Verkaufsständen. Dabei werden neben offiziellen Produkten oft auch inoffizielle oder von Fans eigens entwickelte Werke angeboten. Im Bereich Convention gibt es allerlei Genres, die bedient werden, die wichtigsten sind:

- **Musik:** FilkCONtinental, Barbershop Convention
- **Science Fiction:** FedCon, DORT.con, Coloniacon, Elstercon, Penta-Con, GarchingCon, Eurocon
- **Spiele und Fantasy:** Fantasydays, FeenCon, Gen Con, NORDCON, RatCon, Ring*Con, HeldenCON, BuCon
- **Games:** GamesCon, BlizzCon, London Games Week, G-Star

Ein Nerd, der etwas auf sich hält, geht auf mindestens eine Convention im Jahr.

Cosplayer: Man trifft sie meist auf Conventions, aber auch auf japanischen Festen oder auf Buchmessen wie der in Frankfurt oder der – bei Cosplayern beliebtesten – in Leipzig. Der Begriff »Cosplay« setzt sich aus den englischen Wörtern »costume« und »play« zusammen: Kostümspiel. Es gibt verschiedene Themen, zu denen man »cosen« kann. Die großen, weitverbreiteten Motive sind allerdings: japanische Comics (Mangas), Animationsfilme (Anime) oder Computerspiele. Auf den Conventions treffen Hunderte von Cosplayern aufeinander, um gemeinsam ihrem Hobby nachzugehen, miteinander zu wetteifern oder sich einfach nur fotografieren zu lassen.

Den Hauptbestandteil solcher Events bilden Wettbewerbe, bei denen es um die perfekte Abbildung des Charakters geht – vom Scheitel bis zur Sohle. Im Rahmen eines kurzen Auftrittes präsentiert der Cosplayer sein Kostüm einer Jury und dem Publikum. Die zwei größten Wettbewerbe sind die WCS (World-Cosplay-Meisterschaft) und die DCM (Deutsche-Cosplay-Meisterschaft).

Seine Kostüme stellt der Cosplayer meist mithilfe von Skizzen und Schnittmustern in wochenlanger Handarbeit selbst her. Echte Cosplayer sind also nicht nur Künstler, sondern können auch mit Nadel und Faden umgehen.

Crowdfunding: Bücher, Videospiele, Erfindungen, Animationsfilme ... es gibt nichts, was sich nicht durch eine Schwarmfinanzierung finanzieren lässt.

Seit dem Jahr 2000 wird das Wort »Crowdfunding« benutzt, doch erst 2006 wurde Crowdfunding dank einer Plattform, auf der Musiker vor Veröffentlichung ihrer Alben Geld von ihren Fans sammelten (nicht zuletzt auch, um die durch Raubkopien verursachten Einbußen aufzufangen), in der breiten Bevölkerung bekannt.

2009 wurde in den USA die mittlerweile berühmte Crowdfunding-Plattform *Kickstarter.com* gegründet. Bereits über 10.000 Projekte sind hierüber finanziert worden (Stand: Januar 2012), meist im Bereich Kunst und Kultur; aber auch Lebensmittelhersteller, Modedesigner und Erfinder haben hier einen Platz für ihre Aktivitäten und Projekte gefunden.

In Deutschland gab es zwischen Ende September 2011 und Ende 2012 auf fünf Plattformen insgesamt 310 beendete Projekte. Davon wurden 120 Projekte erfolgreich finanziert.[21] Dies entspricht einer

Erfolgsquote von 39 Prozent. Dabei muss man erwähnen, dass man als Geldgeber nicht einfach in die Röhre schaut, wenn man sein Erspartes zu solch einem Projekt beisteuert. Denn je nachdem wie hoch der gespendete Geldbetrag ist, bekommt man etwas geschenkt oder besondere Privilegien wie eine handsignierte Version eines Albums, einen besonderen Avatar in einem Computerspiel (also einen Auftritt im Spiel) oder sogar ein Treffen mit den Künstlern beziehungsweise Entwicklern, je nach zu finanzierendem Projekt und der benötigten Summe. Das kann von kleinen Projekten mit wenigen Hundert Euro bis in die Millionen gehen.

Wir dürfen gespannt sein, wie stark sich diese Art der Schwarm-Projekt-Finanzierung in den kommenden Jahren durchsetzen wird – und was damit bewegt werden kann.

Cthulhu: Da Nerds auf alles stehen, was abgefahren ist, gehört Cthulhu natürlich in diese Liste. Ein echter Zungenbrecher und ein gottähnliches Wesen, das in einer der berühmtesten Kurzgeschichten von H. P. Lovecraft, nämlich Call of Cthulhu, beschrieben wird. Auch in zahlreichen Geschichten von anderen Autoren wie Frank Belknap Long oder auch Wolfgang Hohlbein (Der Hexer-Romanreihe) spielt Cthulhu eine elementare Rolle.

Cthulhu und seine Brüder Azathoth, Ghatanothoa, Hastur, Nyarlathotep, Shub-Niggurath, Tsathoggua, Yig und Yog-Sothoth stammen aus dem Weltall und sind sogenannte Große Alte: gottähnliche Wesen, die seit Millionen von Jahren im Tiefschlaf sind.

Lovecraft beschreibt Cthulhu in *The Call of Cthulhu* (1928) als »A monster of vaguely anthropoid outline, but with an octopus-like head whose face was a mass of feelers, a scaly, rubbery-looking body, prodigious claws on hind and fore feet, and long, narrow wings behind.«

Also eine gigantische Mischung aus Dr. Zoidberg aus *Futurama* und einer aufgedunsenen Lindsay Lohan. Cthulhulogen behaupten, dass Cthulhu aus seinem todesähnlichen Schlaf erwacht, sobald die Sterne in der richtigen Konstellation stehen. Die Sterne stehen bald richtig, das Warten ist fast vorbei!

Cyberkrieg: In den 90ern noch in Filmen belächelt, ist er im 21. Jahrhundert zur neuen Form der Kriegsführung geworden. Neben den Shitstorms (Empörungswellen im Internet), die Personen der Öffentlichkeit treffen können, gibt es groß angelegte Hackerattacken, die nicht nur ganze Serverfarmen lahmlegen können, sondern auch auf die Kontrolle signifikanter Computersysteme aus sind. Was sich wie ein amerikanischer Science-Fiction-Roman liest, hat sogar in Deutschland bereits konkrete Züge angenommen. Denn die Bundeswehr unterhält die Abteilung »Informations- und Computernetzwerkoperationen«. Die Mitarbeiter rekrutieren sich in erster Linie aus Absolventen der Fachbereiche für Informatik an den Bundeswehruniversitäten.

Folgende Methoden sind im Cyberkrieg üblich:

- Spionage: Eindringen in fremde Computersysteme zum Zwecke der Informationsgewinnung

- Defacement: Veränderungen am Inhalt einer Website, um unter anderem Propaganda zu schalten

- Einschleusen von Hardware, die bewusst fehlerhaft arbeitet oder Fremdsteuerung erlaubt

- Denial-of-Service-Attacken (Überlastung des betroffenen Systems), um feindliche Dienste zu stören oder vollständig zu unterdrücken

- materielle Angriffe (Zerstören, Sabotage, Ausschalten) auf Hardware (zum Beispiel Kabel-, Antennen- und Satellitenverbindungen)

Auch was Kriege betrifft, sind wir in der Zukunft angekommen.

D WIE ...

Der Herr der Ringe (The Lord of the Rings): Nerds kennen die Bücher von Tolkien auswendig und wissen, warum Tom Bombadil einer der wichtigsten Charaktere in Die Gefährten ist, dass es Waldläuferkollegen von Aragorn waren, die in Die zwei Türme in Rohan aushalfen, und dass Saruman auch im Auenland gewütet hat. Bekannter sind dennoch die Filme, weswegen ich hier – auch wegen des Platzes – nur auf diese eingehen werden. Gerade deswegen lege ich jedem Leser Der Herr der Ringe ans Herz – und das nicht nur, weil uns dort die überschnulzigen Szenen zwischen Aragorn und Arwen erspart werden.

Seit Peter Jackson die (früher für unverfilmbar gehaltenen) Bücher auf die große Leinwand gebracht hat, gibt es so gut wie niemanden, der Frodo, Sam, Aragorn, Legolas oder Gimli nicht kennt. Es ist kein Wunder, dass die Geschichte um den Hobbit Frodo, der den Einen Ring zerstören soll, nicht nur 30-mal für den Oscar nominiert wurde, sondern auch 17 Oscars abgestaubt hat. Die *Der Herr der Ringe*-Trilogie ist außerdem einer der am häufigsten und professionellsten parodierten Filme der Geschichte (*Lord of the Weed*, *Herr der Augenringe* oder *The Ring Thing*).

Man kann mittlerweile Sindarin und Quenya, die Sprache der Grauelben (die an das Walisische und Finnische angelehnt ist), auf Universitätsniveau lernen.

Das Prequel *Der Hobbit*, dessen erster Teil schon erfolgreich in den Kinos lief, wird auf ganzer Linie mit Sicherheit ein ebenso großer Erfolg wie sein Vorgänger – und manche Lücke schließen, die einem LotR-Fan übel aufgestoßen ist.

Hier ein paar Fakten über *Der Herr der Ringe*, die man so (vielleicht) noch nicht kannte:*

- Azog ist der König der Orks. Da er Thorins Vater tötete, indem er ihm den Kopf abschlug, gab man ihm den Beinamen »Der Schänder«. In *Der Hobbit* ist er eine vollkommen digital erschaffene Figur. Aber dafür war ein Schauspieler nötig, der per Motion Capture die Grundlage für Azog lieferte und ihn auch spielte: Manu Bennett – der Gladiator Crixus aus *Spartacus: Blood and Sand*.

- Sean Connery sollte eigentlich Gandalf spielen, sagte aber, dass er die Story nicht verstünde, und lehnte die Rolle schließlich ab.

- Eigentlich sollten gleich zwei ehemalige Doktoren aus *Doctor Who* in *Der Hobbit* mitspielen – geblieben ist nur einer: Sylvester McCoy (die siebte Inkarnation des Doktors). Für die Rolle des Elben Thranduil wollte Peter Jackson eigentlich David Tennant, der den zehnten Doktor gespielt hat. Aus dieser Wunschbesetzung wurde aber leider nichts.

- Christopher Lee (Saruman) ist der Einzige von der Crew, der Tolkien noch persönlich getroffen hat.

- Im Finale von *Die Rückkehr des Königs* sollte Aragorn eigentlich gegen den körperlich gewordenen Sauron kämpfen. Kurz vor Kinostart entschied sich Peter Jackson jedoch anders, weswegen Sauron in der Schlacht vor dem Schwarzen Tor durch einen Troll ersetzt wurde.

* Gesponsert von moviepilot.de

- J.R.R. Tolkien schrieb *Der Hobbit* in den Jahren 1929 bis 1936. Die erste Ausgabe wurde 1937 veröffentlicht. Damit ist der Roman schon stolze 75 Jahre alt.

- Auf dem Grabstein von J.R.R. und Edith Tolkien sind die Namen zweier Mittelerde-Figuren aus den zahlreichen Anhängen der Trilogie zu finden: Beren bei J.R.R. und Luthien bei Edith. Die Liebesgeschichte zwischen dem sterblichen Beren und der Elbin Luthien ist so schön und dramatisch wie keine andere Geschichte Tolkiens. Denn Berens und Luthiens Liebe ist so stark, dass sie sich gegenseitig sogar vor dem Tod retten.

- *Der Hobbit* hat eine Laufzeit von 164 Minuten und ist damit der kürzeste der bisherigen vier Filme. *Die Gefährten* ist 171 Minuten lang (Extended Edition: 218 Minuten), *Die zwei Türme* 172 Minuten (Extended Edition: 225 Minuten) und *Die Rückkehr des Königs* 192 Minuten (Extended Edition: 240 Minuten).

- Regisseur Peter Jackson ist in *Die Rückkehr des Königs* als Söldner auf einem der Korsarenschiffe zu sehen, die Szene ist nur in der Extended Edition enthalten.

- Der Höhlentroll, der in der Moria-Sequenz in *Die Gefährten* zu sehen ist, ist laut Peter Jackson kein schlechter Kerl. Auf der Special Extended DVD erklärt er: »Er ist nicht wirklich böse. Er hat sich nur auf die falsche Gesellschaft eingelassen.«

- Die Namen für seine Zwerge entlieh J.R.R. Tolkien einem alten nordischen Gedicht, der *Gylfaginning*, einer Skalden-Dichtung, die den Hauptteil der *Snorra-Edda* darstellt.

- Allgemein denkt man, dass J. R. R. Tolkien das Wort »Hobbit« erfunden hat. Die 2003er-Ausgabe des Oxford English Dictionary erklärt jedoch, dass das Wort in einem Buch über Folklore aus dem 19. Jahrhundert vorkam und Teil einer Liste von obskuren Wörtern ist, die benutzt werden, um Feen oder kleine Leute zu beschreiben.

- Der US-amerikanische Regisseur Ralph Bakshi versuchte 1978, *Der Herr der Ringe* als eine Mischung aus Film- und Zeichentrickfrequenzen zu realisieren. Leider wurde der Film ein Flop und niemals fortgesetzt.

- Allerdings erhielt so der spätere Regisseur Tim Burton seinen ersten Job in der Filmindustrie: als Zwischenphasenzeichner.

- Der Schrei und Kniesturz von Aragorn in *Die Zwei Türme* ist sehr authentisch: Viggo Mortensen brach sich in dieser Szene einen Zeh.

Nicht-Mittelerde-Profis sollten, bevor sie mit einem Quenya sprechenden Fan über *Der Herr der Ringe* philosophieren, nicht nur die Filme aufmerksam gesehen, sondern auch die Bücher und deren Anhänge gelesen haben. Denn Mittelerde-Fans sind, genau wie *Star Trek*- und *Star Wars*-Fans, für ihre Sorgfalt bekannt.

Dilbert: Titelfigur des gleichnamigen Comics von Scott Adams. Dilbert ist ein angestellter Programmierer, Software-Entwickler und Ingenieur mittleren Alters, der in einem unterteilten Großraumbüro arbeitet und dabei allerlei verquere Situationen erlebt. Er ist das Sinnbild aller Ingenieure und Vorbild jener, die einmal Engineer-Nerd werden wollen.

Disney: Die Welt und die Filme von Disney sind heilige Orte für Geek Girls und Nerdines. Neben Prinzen, Hexen, Zwergen, Löwen, Drachen und Prinzessinnen sind es auch die geekigen Mädchen, denen Disney ein Zuhause gegeben hat. Denkt man allein an Trixi (im Original Gadget Hackwrench) aus Chip und Chap – Die Ritter des Rechts, wird einem dies schnell klar. Denn das hochintelligente, technisch begabte Mäusemädchen, das die gesamte Ausrüstung der Rettungstruppe, unter anderem auch das Luftschiff, gebaut hat, ist durch und durch eine zerstreute Professorin.

Auch Tinker Bell, die zickige Fee aus *Peter Pan*, hat ein Leben neben Peter, und in diesem bringt sie den Feenort Pixie-Hollow mit ihren durchgeknallten Erfindungen ganz schön durcheinander. Denn Tinker Bell ist eine Tinker-Fee, eine Bastel-Fee. Sozusagen ein echtes Nerd-Mädchen.

Disney dreht sich also nicht nur um Feenstaub und schöne Prinzen, sondern (für Geek Girls und Nerdines) um Mädchen, die Prince Charming das Pferd klauen würden, bräuchten sie es für eine ihrer Erfindungen.

Do-it-yourself: Beim Mann, und besonders beim Nerd, ist diese Art der Freizeitgestaltung häufig anzutreffen. Es gibt nichts, was der Nerd nicht selbst machen kann beziehungsweise will. Er lebt nach dem Motto: I can fix it! Auch Dinge, die nicht repariert werden müssen, kann der Nerd reparieren oder neu erschaffen. Da wird einer Waschmaschine aus Urgroßmutters Zeiten mit der Energieeffizienz ZZZ- einfach ein Mikrochip eingesetzt, der die Schleudergeschwindigkeit regeln soll. Aber auch nützliche Dinge, die nicht in einer Katastrophe münden, erfindet der Nerd – wie die E-Zigarette. Eines muss man dem Nerd bei allem Nerdismus lassen: Er tut, was er kann. Auch wenn das eben manchmal zu viel des Guten ist.

Doctor Who: »Brilliant!« – »Allons-y, Alonso!« – »Wibbly-wobbly, timey-wimey.« Wer jetzt mit dem Kopf schüttelt, wird die britische Science-Fiction-Serie nicht kennen, was allerdings nicht verwunderlich ist, denn in Deutschland ist Doctor Who nahezu unbekannt.

Die Serie dreht sich um einen außerirdischen Zeitreisenden, der nur als »der Doktor« bekannt ist. Er trifft bei seinen Reisen auf verschiedene Gegner (wie Autons, Cybermen, Daleks und sogar Time Lords), verändert geschichtliche Ereignisse und rettet manchmal sogar ganze Universen. Der Doktor ist selbst ein Time Lord vom Planeten Gallifrey und besitzt keinerlei Superkräfte. Probleme löst er vor allem mit dem Verstand, und nicht so sehr mit

Muskelkraft. Er verabscheut Waffen und versucht, Konflikte mit friedlichen Mitteln zu lösen. Erst wenn das nicht gelingt, greift er zu Gewalt – und geht dabei unter Umständen nicht zimperlich vor. Seine einzigen technischen Hilfsmittel sind ein Sonic Screwdriver (Schall-Schraubenzieher) und sein Psychic Paper (ein hypnotisches Papier). Unterwegs ist der Doctor in einer TARDIS (»Time and Relative Dimension in Space«), die er auf seinem Planeten schlicht gestohlen hat (er sagt »ausgeliehen«, aber das ist nur die halbe Wahrheit). Dabei handelt es sich um ein Zeit-Raum-Schiff, welches von innen größer ist als von außen (daher auch der bekannte Spruch: »It's bigger on the inside!«). Die TARDIS ist nicht einfach nur ein Gerät, sondern selbst ein Lebewesen. Der Doktor reist nicht gerne allein – und soll es auch nicht. Deshalb hat er oft Gesellschaft von einem oder mehreren Begleitern.

In Großbritannien bekannt wie ein bunter Hund, ist der Doktor in Deutschland in erster Linie der Nerd-Community vorbehalten. Dabei ist der Doktor ein Nerd, wie ihn jede Frau gerne hätte. Charmant, schlau, witzig … und ein bisschen verrückt. Außerdem hat er DEN Satz gesagt, den alle Nerds längst verinnerlicht haben: »There's no point in being grown up if you can't be childish sometimes.«

Die Fernsehserie steht als die erfolgreichste und am längsten laufende Science-Fiction-Fernsehserie (1963 bis 1989 und seit 2005 wieder – 807+ Folgen in 33+ Staffeln) im *Guinnessbuch der Rekorde* – diese Fülle an Folgen ist auch einer der Gründe, warum die Autorin lieber darauf verzichtet hat, alle Informationen eigenhändig, oder vielmehr eigenäugig, zusammenzusuchen, sondern sich stattdessen auf der einzig wahren deutschsprachigen Website über den Doktor informiert hat – *DrWho.de*. Denn es gibt nur einen: »I am the Doctor.« – »Doctor? Who?« – »Doctor Who!«

Du bist kein Nerd, nur weil ...

... du YouTube statt TV guckst. Sieh nur, der Fernseher deiner Eltern hat inzwischen sogar einen YouTube-Zugang.

... du alle Namen der Pokémon auswendig weißt.

... du deine Freunde vorwiegend digital triffst. Denn wer Freunde hat, macht es nun einmal so.

... du über mathematische/physikalische/informationstechnische Witze lachen kannst.

... du keine Freunde hast und dich vor den Bildschirm zurückziehst. Man ist schließlich auch kein Partymensch, nur weil man trinkt und laut ist.

... du T-Shirts mit Nerd-Motiven trägst.

... du popkulturelle Anspielungen und Sprüche kennst. Wer früher Sartre oder Oscar Wilde zitierte, zitiert heute *Breaking Bad* oder *The Big Bang Theory*.

... du Apple-Geräte oder ein Telefon mit Linux-Derivat hast.

... du in einem Clan bist.

Dork: Ein Dork ist ein naher Verwandter des Nerds und zeichnet sich durch seine soziale Inkompetenz (ihn interessiert es nicht, was andere Menschen von ihm halten) und seine Obsession aus. Im Gegensatz zum Nerd fehlt ihm allerdings die nötige Cleverness, um sein merkwürdiges Verhalten zu rechtfertigen. Dork heißt auf Englisch außerdem »Penis«. Man sollte also tunlichst vermeiden, ein Dork zu werden ...

Dragonball: Schon allein seiner Popularität wegen hat dieses japanische Produkt (Anime, Manga, Unmengen Merchandise, Filme und OVAs) eine besondere Erwähnung verdient. Seit 1984 begleiten Son-Goku, Bulma und ihre Freunde den Nerd durchs Leben (und mit etwa 230 Millionen weltweit verkauften Exemplaren ist Dragonball laut Wikipedia der zweitmeistverkaufte Manga aller Zeiten). Die Geschichte um den kleinen Kampfkünstler Son-Goku, der mit der Erfindertochter und äußerst zänkischen Bulma die sieben Dragonballs sucht, weil sie demjenigen, der sie findet, all seine Wünsche erfüllen sollen, hat Millionen von Nerds begeistert.

Toei Animation produzierte im Laufe der Jahre drei Anime-Serien, die auf dem Manga basieren: *Dragonball*, *Dragonball Z* und *Dragonball GT*. Sie umfassen zusammen insgesamt 508 Episoden.

Drei-Dimensionen-Drucker (3D-Drucker): Es klingt wie Science-Fiction, doch es gibt ihn wirklich: einen Replikator, der auf Befehl Dinge herstellt – den 3D-Drucker. Ein 3D-Drucker ist, so die Beschreibung bei Wikipedia, eine Maschine, die dreidimensionale Werkstücke aufbaut. Der Aufbau erfolgt computergesteuert via CAD-Programmierung. Maße und Formen werden einprogrammiert, bevor das gewünschte Objekt ausgefräst oder – gelasert werden kann. 3D-Drucker dienten ursprünglich vor allem der Herstellung von Prototypen und Modellen. Allerdings kann man mit dem 3D-Drucker nicht nur Schwerter für LARP herstellen, sondern auch echte Waffen wie das Sturmgewehr AR-15, das von Studenten einer texanischen Universität schon teilweise »gedruckt« wurde. Noch ist es von den verwendeten Materialen im 3D-Drucker her nicht möglich, eine voll funktionierende Waffe zu bauen. Wir sind von der Replikator-Technik à la *Star Trek* noch weit entfernt. Hoffen wir, dass das noch so lange so bleibt, bis wir gelernt haben, friedlich miteinander zu leben.

Dweeb: Er ist dem Nerd sehr ähnlich, nur dass ihm die Obsession fehlt. Der Nerd geht seiner Leidenschaft nach, die ihn in seinem Sein erfüllt, mit der er sich identifiziert – was ihn als Fachidioten auszeichnet. Der Dweeb hingegen ist schlau und sozial desinteressiert, was ihn zum »typisch amerikanischen« Loser macht. Denn während der Nerd Experimente startet, weil es ihm Spaß macht, reicht es dem Dweeb, darüber zu lesen.

E WIE ...

E-Book: Für den Buchmarkt ist es Blasphemie, für den Menschen des 21. Jahrhunderts eine normale Entwicklung durch moderne Technik.

Die Rede ist von E-Readern und E-Books. Die Tabletbesitzer kennen sie schon länger ... der Buchmarkt muss sie erst noch kennenlernen. Erstmals 2011 waren »elektronische Bücher« aufgrund der steigenden Einnahmen in diesem Sektor ein größeres Gesprächsthema – dabei gab es schon früher Kleinverlage, die Romane per Diskette verschickten (die wirklich alte Form des E-Books). Den Kindle (den hauseigenen E-Reader von Amazon) gibt es seit 2007, also kein Wunder, dass 2011 Amazon verkündete, dass immer mehr Bücher digital über die Ladentheke gingen – was nicht heißt, dass Bücher aus Papier aussterben.

E-Books sind einfach bequem. Herunterladen, und schon kann man lesen. Das geht einfach mit dem Tablet oder mit einem Reader aus elektronischem Papier (welches auf Elektrophorese basiert: elektrische Teilchen schwimmen in einer Lösung und richten sich nach einem angelegten elektrischen Feld aus). Es gibt kein Flimmern, die Größe der Buchstaben ist verstellbar, es benötigt wenig elektrische Energie (demnach hält der Akku sehr, sehr lange) und ist bei wenig Raumlicht ebenso wie bei starker Sonneneinstrahlung lesbar. Eine super Erfindung für all jene, die ihr Bücherregal immer dabeihaben wollen.

Jetzt sollte die Buchbranche nur nicht den gleichen Fehler machen wie die Musik- und Filmbranche. Denn Nostalgie kann lebensgefährlich enden – oder zumindest den Lebensstandard bedrohen.

Auch wenn Menschen heutzutage mehr Geld für einen Kaffee ausgeben als für ein gutes Buch.

Easter Egg: Wenn Programmierern langweilig ist, verkleiden sie sich zwar nicht als Hasen, verstecken aber Ostereier. Laut Wikipedia wurde das digitale Easter Egg 1978 geboren. Sein Schöpfer ist Warren Robinett, der in dem Atari-Spiel Adventure seinen Namen verewigte. Easter Eggs als Besonderheit gibt es allerdings schon seit der Renaissance – versteckte Signaturen des Malers oder Spiegelungen von ebenjenem (oder anderen wichtigen Personen) in seinen Gemälden. Die Bezeichnung »Easter Egg« stammt, so Wikipedia, wahrscheinlich von den mit Überraschungen versehenen Fabergé-Eiern ab (Schmuckgegenstände in Form von Ostereiern – gestaltet für die russische Zarenfamilie).

Für den Game- und IT-Nerd gibt es nichts Schöneres und Erfüllenderes, als alle Easter Eggs (und Zusatzlevel) zu finden. Denn oft toben die Programmierer erst dort ihre wahre Kreativität aus.

Hier eine kleine Auswahl der besten (der Autorin bekannten) Easter Eggs:

- **Monkey Island:** Guybrush behauptete einmal, er könne unter Wasser zehn Minuten lang den Atem anhalten. Was auch bekannt ist: Bei Monkey Island kann man nicht sterben. Nun, was denkt ihr, was passiert, wenn Guybrush länger als zehn Minuten den Meeresboden besucht?

- **Firefox:** Kennt ihr *The Book of Mozilla*? Nein? Dann gebt einmal in Firefox »about:Mozilla« ein. Ihr werdet euch wundern, wie fromm der Firefox werden kann.

- **Diablo II & III:** Das wohl abgefahrenste Zusatzlevel haben die Jungs von Blizzard Entertainment versteckt. Wer denkt, dass ein blau und grün angelaufener Guybrush etwas Besonderes ist, der sollte das kunterbunte Kuh-Level von Diablo durchspielen. Aber Achtung, die Rindviecher tauchen nicht nur in

Massen auf, sondern sind auch noch ziemlich stark. Ein Hack-and-Slay-Erlebnis der ausgefallenen Art. Den gleichen Spaß gibt es auch in Diablo III – mit Einhörnern ... und damit sind nicht die lieben Einhörner gemeint, die die Menschen beschützen und ihren Wald grün halten, sondern knallharte Einhörner wie das pinkfarbene und das blaue Einhorn in *Charlie the Unicorn*, die ihrem »Freund« eine Niere entwenden. Sobald 2014 *Diablo III* für die Playstation 4 erscheint (für die Playstation 3 ist es ja bereits erschienen), ist es hoffentlich bald Zeit für einen vierten Teil der erfolgreichen Gameserie. Wieder mit einem neuen, quietschvergnüglichen Zusatzlevel. Dieses Mal vielleicht mit bösen Schmetterlingen?

- **Dropbox:** Wer genau hinsieht, wird bei dem Reiter »Sicherheit und Datenschutz« ein kleines Easter Egg entdecken, das zumindest einen der Entwickler als großen *Zelda*-Fan enttarnt. Möge das Triforce des Mutes mit dir sein!

- **OS X:** Die Timeline zu *Der Herr der Ringe* finden Mac-Nutzer, wenn sie im Terminal den Befehl »cat/usr/share/calendar/calendar.lotr« eingeben.

- **Age of Empires III:** Eines der wundervollsten Easter Eggs überhaupt (in den Augen einer Nerdine): Wenn man in der ersten Tutorial-Mission aufgibt, erhält man ein Einhorn als Reittier!

- **Google+:** Auch die Google-Entwickler sind nicht völlig humorlos. Versteckte Kürzel lassen im Chat bisher unentdeckte Emoticons erscheinen, wie:
  Nyan-Cat: ~=[„_„]:3
  Krabbe: V.v.V
  Teufelchen: }:-)

> 🎲 **Google Maps:** Unter den Koordinaten 45° 7'25.87"N, 123° 6'48.97"W kann man in der Satellitenansicht ein Firefox-Logo entdecken!

Special Easter Eggs:

> 🎲 **Der Herr der Ringe:** Bei der Extended-Version von *Der Herr der Ringe – Die Gefährten* gibt es ein besonderes Easter Egg. Nämlich eine Parodie des Kapitels »Elronds Rat« von dem Comedian Jack Black (als Hobbit) mit Sarah Michelle Gellar (als Arwen). Dazu muss man im DVD-Menü bei »Elronds Rat« nach unten scrollen. Es erscheint ein Ring, den man einfach anklicken muss/kann/sollte. Wobei es immer eine gute Idee ist, den Ring der Macht an sich zu bringen …

Auf *CHIP Online* findet man eine schöne Liste mit Hinweisen, wo die besten Easter Eggs zu finden oder zu erreichen sind[22] ;-)

Viel Spaß, liebe Zocker! Mögen euch die digitalen Osterhasen gewogen sein.

Einhörner: Das echte Einhorn besitzt weder Flügel noch ein goldenes Horn mit Diamanten. Auch hat es weder geschminkte Riesenaugen oder eine bis zum Boden reichende, paillettengeschmückte Mähne noch einen Eselschwanz. Ein Einhorn ist ein pferdeähnliches Fabelwesen, das von den Geek Girls und Nerdines dieser Welt geliebt und verehrt wird.

Jedes Nerd-Mädchen kennt das Buch *Das letzte Einhorn* von Peter S. Beagle und natürlich den darauf basierenden Zeichentrickfilm von Jules Bass und Arthur Rankin Jr. (oder

alternativ *Legende* mit dem damals noch jungen Scientologen Tom Cruise), und wer in Gegenwart einer Nerdine Scherze über Einhörner macht, muss mit dem Schlimmsten rechnen. Denn neben ihrer kühlen Logik, die selbst gestandene Männer zum Weinen bringen kann, haben Nerdines wie Geek Girls einen genetisch festgelegten Einhorn-Schutzreflex, der anspringt, sobald die Rede auf diese wundervollen, reinen, einzigartigen, liebevollen, hübschen, zarten, hilfsbereiten, edlen Wesen kommt. Einhörner sind etwas Besonderes für Nerdines und Geek Girls – und das nicht nur, weil sie nur zu den reinherzigen Mädchen kommen, sondern auch, weil sie der Inbegriff des Guten sind.

Emoticons: Zeichenkombinationen, die verschiedene Smileys darstellen, bestehend aus Zahlen, Buchstaben und Satzzeichen. Neben den Bildern für Lachen, Weinen oder Erstaunen gibt es auch Exoten wie Pinocchio, die Simpsons oder Elvis Presley. Die Emoticons, oder vielmehr das Smiley, wurden 1963 von dem Werbegrafiker Harvey Ball erfunden.

Zum ersten Mal als Emoticon im heutigen Sinne angewendet wurden die zwei Punkte mit Strich und Klammer aber erst 1982 von dem Wissenschaftler Scott Fahlman, der sich Schreibarbeit sparen wollte. Oder wie Fahlman in einem Post schrieb: »Ich schlage die folgende Zeichenfolge vor, um Scherze zu kennzeichnen: :-)«[23]

Mittlerweile gibt es neben :-) und :-(auch noch:

> {:-) Toupetträger,
> =:-) Punk,
> d8-) o-- Kappe, Sonnenbrille und Lolli,
>]:(:)) Kuh,
> @--}--- Rose

und viele, viele mehr. Wer also noch mehr ausprobieren möchte, der kann unter *www.abkuerzungen.de/emoticons.php*[24] eine wunderbare Liste finden. Denn es gibt mittlerweile für nahezu alles ein Emoticon.

F WIE ...

Fan-Fiction: Auch wieder eine Sache, die vielleicht nur für Nerdines und Geek Girls eine besondere Bedeutung hat, denn die meisten FF-Autoren sind und bleiben weiblich – Ausnahmen bestätigen die Regel. Das liegt in der Natur der Fan-Fiction beziehungsweise der Geekmädchen. Denn – seien wir ehrlich – welches Mädchen spinnt nicht gerne Geschichten weiter? Besonders dann, wenn die Filme, Serien und Bücher – ihrer Meinung nach – keinen würdigen Abschluss gefunden haben oder es schlicht zu wenig weibliche Akteure gab?

Fan-Fiction, auch Fanfic oder FF genannt, ist die Bezeichnung für Werke, die, von Fans erschaffen, Handlung, Protagonisten und Welt des Originalwerkes (Film, Fernsehserie, Buch, Computerspiel und so weiter) aufgreifen und in einer neuen, fortgeführten oder alternativen Handlung darstellen. Die bekanntesten Seiten sind *FanFiktion.de*, *Animexx.de* und *FanFiction.net*.

Viele bekannte Autoren sind ehemalige Fan-Fiction-Autoren, die sich irgendwann von ihrem Status als Fan gelöst haben, um selbstständige Werke zu verfassen.

Fantastische physikalische Phänomene und Gedankenexperimente: Nerds lieben Formeln und Physik. Aus diesem Grund besitzen viele Nerds Shirts, die mit Sprüchen und sonderbaren Witzen beschriftet sind. Ein paar solcher Sprüche führen auf besonders coole physikalische Phänomene zurück.

Hier die Coolsten unter den Coolen:

> **Dopplereffekt:** Jeder kennt Sheldons Shirt, aber nur jeder Zehnte kann darüber lachen. Gemeint ist der Doppler-Effekt. Entdeckt wurde dieser Effekt nicht im Schallbereich, sondern im optischen

Bereich. 1842 versuchte Christian Doppler, die Farben der Sterne dadurch zu erklären, dass ihre Eigenbewegung Einfluss auf das wahrgenommene Licht habe. Obwohl diese Annahme nicht zutraf – und immer noch nicht zutrifft –, war sein Ergebnis richtig, dass bei sich fortbewegenden Sternen die Spektrallinien nach Rot und bei sich nähernden Sternen nach Blau verschoben werden. Erst später entdeckte man, dass der gleiche Effekt bei Schallwellen zutrifft. Wer genau hinhört, wird feststellen, dass der Ton einer Krankenwagensirene ansteigt, wenn das Auto auf einen zufährt, und dunkler wird, wenn er sich entfernt. Physik ist keine Gehirnverrenkung (die Mathematik vielleicht doch ... da streiten sich die Gelehrten), sondern ein alltägliches Phänomen.

Schrödingers Katze: Dead or alive? Schrödingers arme Katze ist ein beliebtes Beispiel, um ein quantenmechanisches Phänomen anschaulich darzustellen, das als »Überlagerung von Zuständen« bekannt ist. Bei diesem Gedankenexperiment (man hat die Katze nicht wirklich hineingestopft, keine Angst!) wird eine Katze in eine undurchsichtige Kiste gesteckt, zusammen mit einer Apparatur, die, gesteuert durch radioaktiven Zerfall, die Katze innerhalb von einer Stunde mit einer Wahrscheinlichkeit von 50 Prozent tötet. Die Frage ist nun, in welchem Zustand sich die Katze nach einer gewissen Zeit befindet, wenn man nicht in die Kiste hineinschaut. Es ist wie der Baum, der im Wald umfällt, wenn niemand hinhört.

Kuscheln für Physiker: Kuscheln ist schön, Kuscheln macht warm. Kuscheln ist die schönste Beschäftigung, wenn die Außentemperaturen unter 30° C liegen. Und das hat auch einen Grund ... einen physikalischen Grund – wie alles im Leben. Denn Menschen besitzen eine konstante Oberflächentemperatur (circa 36° C, wie jeder weiß, der schon Fieber gemessen hat). Streichelt man jemanden, sind die Moleküle der Hand und die der Oberfläche zusätzlich in Bewegung, dadurch steigt die Temperatur auf beiden

Oberflächen, und die innere Temperatur wird erhöht. Kuscheln ist demnach hot – in vielerlei Hinsicht.

Das Zwillingsparadoxon: Es ist ein reines Gedankenexperiment, das einen scheinbaren Widerspruch in der Relativitätstheorie beschreibt. Danach fliegt einer von zwei Zwillingen mit annähernder Lichtgeschwindigkeit zu einem fernen Planeten und kehrt anschließend – mit derselben Geschwindigkeit – wieder zurück. Nach der Rückkehr auf die Erde stellt sich heraus, dass der dort zurückgebliebene Zwilling nun älter ist als der gereiste. Natürlich konnte dieses Gedankenexperiment noch nicht praktisch nachvollzogen werden … aber die Zeit wird zeigen, ob man mit dieser Vermutung richtig liegt.

Warum ist der Himmel blau?: Wer kleine Kinder in der Familie hat, wird dieser Frage nicht entgehen können – ebenso wenig wie der Woher-kommen-die-Babys-Frage. Nur bekommt der Gefragte bei dieser Antwort keine roten Ohren. Warum ist der Himmel also blau? Nun, um sich diesen Effekt vorstellen zu können, muss man ein bisschen Fantasie mitbringen, denn Licht ist keineswegs einfach weiß, sondern beinhaltet viele Farben – wie man an einem Regenbogen schön erkennen kann. Diese verschiedenen Lichtfarben besitzen unterschiedliche Wellenlängen. Die Sonnenstrahlen landen nämlich nicht direkt auf unserer Haut, sondern müssen zuerst durch die Atmosphäre der Erde. Dort trifft das Licht auf verschiedene Teilchen wie Staub und Wassertröpfchen. Das Licht wird von diesen Teilchen allerdings nicht ganz umgeleitet, sondern in verschiedene Strahlen zerlegt. Diesen Vorgang nennt man »Streuung«. Die Stärke der Streuung hängt von den verschiedenen Wellenlängen der Lichtfarben ab. So wird das kurzwellige blaue Licht wesentlich stärker gestreut als die roten Wellenlängen. Deswegen ist der Himmel an schönen Tagen – wenn weniger Staub und Wassertröpfchen in der Luft sind – blau. Trüb und grau wird er hingegen, wenn die Luft voller Staubpartikel ist. Aus diesem Grund ist der Himmel im Winter ein einziges Grau(en).

Hirn im Tank à la *Futurama*: Dieses Gedankenexperiment wurde durch viele Science-Fiction-Geschichten beflügelt, in denen die Idee vorkommt, dass ein verrückter Wissenschaftler einem Menschen das Gehirn herausoperiert, in einem Tank mit Nährlösung aufbewahrt und die Neuronen durch Drähte mit einem Computer verbindet, der das Gehirn mit genau den gleichen elektrischen Impulsen versorgt, wie ein Gehirn sie normalerweise empfängt. Es geht darum, unsere Vorstellungen von Wissen, Realität, Wahrheit, Bewusstsein und Bedeutung zu durchdenken – wie oben beim Sehen. Es stellt sich nun die Frage, ob das Gehirn feststellen kann, ob es in einer realen Umgebung, also einem realen Körper, oder in einer simulierten Realität steckt. Wo wir auch bei der Sache mit der Matrix wären, an der immer noch Wissenschaftler forschen. Leben wir in einer Computersimulation?[25]

Fantasy: Es lässt sich nicht abstreiten, dass Fantasy eines der zwei großen Lieblings-Genres der Nerds ist – und das nicht erst seit Harry Potter. Der Fantasy-Freak, wie der Nerd auch gerne genannt wird, hat ein großes Fachwissen, was magische Artefakte, Mythologien und Fabelwesen betrifft. Er ist ein Experte auf seinem Fachgebiet und lässt sich, sollte er doch einmal falsch liegen, nur sehr schwer von seinem Irrtum überzeugen. Wer dem Fantasy-Nerd zeigen möchte, wo der Elb die Locken hat, muss sich gut in der Literatur auskennen, und noch besser bei Filmen – denn der Nerd erkennt nicht nur Unwissen, er riecht einen Fantasy-Noob auf zehn Kilometer gegen den Wind.

Firefly: »Weißt du, was 'ne Befehlskette ist? 'Ne Kette, mit der ich dich verprügel, damit du checkst, wer das rattige Komando hier hat.« – Die skurrile Western-Science-Fiction-Serie stammt von Kultregisseur Joss Whedon, dem geistigen Vater von *Buffy – Im Bann der Dämonen*, *Angel – Jäger der Finsternis* und *Dollhouse*. Whedon war auch Drehbuchautor des vierten Teiles der *Alien*-Tetralogie und von *The Avengers*. Er wurde mit einem großen Budget ausgestattet, um *Firefly* für den US-amerikanischen Sender FOX auf den Schirm zu bringen. Leider wurde die Serie bereits nach zwölf Folgen abgesetzt – und das, obwohl schon 15 Folgen gedreht worden waren. Um die Gründe, aus denen die Serie abgesetzt wurde, ranken sich zahlreiche Gerüchte:

- ein Personalwechsel – der Nachfolger wollte beweisen, dass sein Vorgänger eine dumme Nuss war

- ein nicht-periodischer Ausstrahlrhythmus der Folgen – die auch nicht in korrekter Reihenfolge gezeigt wurden

- eine Edelnutte als Hauptdarstellerin, versteckte Gesellschaftskritik und ein Held, der nicht an Gott glaubt – für den erzkonservativen Sender FOX das Schlimmste vom Schlimmen

Kurzum, *Firefly* musste scheitern ... auch wenn die Fans dies mehr als bedauern. (Auch der Film *Serenity – Flucht in neue Welten* basiert auf *Firefly* – und war um einiges erfolgreicher als die Serie.) Hier eine kleine Inhaltangabe zur Serie: Jahrhunderte in der Zukunft. Auf ihrer Reise quer durch den Weltraum nimmt die Crew des Raumschiffs Serenity jeden Job, an, um die Tanks und die Mägen voll zu bekommen. Als die Besatzung einen von der Regierung gejagten Passagier an Bord nimmt, wird die Reise bald noch sehr viel komplizierter, als sie es ohnehin schon ist. Denn nun befinden sie sich auf der Flucht: sowohl vor der Regierung als auch vor den kannibalischen Reavern, die an den Randgebieten des Weltalls leben.

Man kann sagen, *Firefly* hätte niemals abgesetzt werden dürfen, denn es gibt wenige Serie, die einen von Anfang an derart mitreißen – und in die man jederzeit hineinzappen kann. Die interessanten Charaktere, die witzigen Wortgefechte, das coole Raumschiff-SF-Western-Setting, toll inszenierte Action-Sequenzen und eine wundervolle politische Inkorrektheit, stoßen den Zuschauer zum Nachdenken an. Das alles brachte diese Serie mit sich. Und das war wohl auch zu viel für den gemeinen amerikanischen Zuschauer.

Frauenanteil in MINT-Berufen: Der Anteil von Frauen in MINT*-Berufen oder nerdigen Studiengängen ist erschreckend gering. Dabei erringen von den euphorisch geschätzten sieben Prozent, die das Studium begonnen haben, im MIN 41,1 Prozent der Frauen einen Abschluss, im T hingegen nur 20 Prozent.[26] Das heißt: Mathematik und Informatik sind sexyer als Technik. Wer hätte das gedacht?

Tatsache ist auch, dass heute, im Jahr 2013, rund 330.000 Akademikerinnen und Akademiker fehlen, davon allein rund

---

* *Mathematik, Informatik, Naturwissenschaft und Technik*

70.000 aus dem Bereich der Naturwissenschaften und rund 85.000 aus den Ingenieurwissenschaften.[27] Eine Jobgarantie wäre somit mehr als gegeben. Da kann man jungen Männern und Frauen nur raten: »Macht MINT!« Because nerd is the new sexy!

> »Game of Thrones« hat die Nerd-Welt revolutioniert: High Fantasy ohne Hobbits, Zauberer, Orks und Elben – schier undenkbar.

G WIE ...

9GAG: Wer auf Social-Media-Plattformen wie Facebook, Twitter oder Google+ unterwegs ist, wird an dieser Seite kaum vorbeikommen. Die englischsprachige Website *9GAG* zeichnet sich durch die humorvolle Verwendung von Memes aus. Damit sind Bilder, Comics, kleine Filme oder Animationen gemeint, wie das Rage-Gesicht, Like a Boss, das Numa Numa Kid oder Grumpy Cat.

Die Website erhielt ihren Namen durch den Umstand, dass bis Februar 2012 pro Seite neun untereinander geordnete Gags angezeigt wurden. *9GAG* liegt auf Platz 251 der weltweit am meisten besuchten Seiten. Die News-Website *AllThingsD* veröffentlichte im April 2012 eine Statistik, die *9GAG* noch vor *4chan* und *reddit* als meistbesuchte Meme-Website im Internet aufführte.

Game of Thrones: Verfilmung der gigantischen Romanserie *Das Lied von Eis und Feuer* von George R. R. Martin, in der es keine Zwerge, Orks oder anderen »normalen« High-Fantasy-Figuren gibt – dafür aber »Die Mutter der Drachen«.

Westeros, 298. Während König Robert Baratheon seit 15 Jahren auf dem Thron sitzt und nichts als Weiber und Wein im überdimensionalen Schädel hat, brodelt es gewaltig im Untergrund, denn nur ein toter König ist ein guter König. Und da gibt es ja auch noch diese riesige Mauer im Norden, die ... ja ... vor was sollte sie das Reich noch mal schützen?

Game of Thrones beziehungsweise *Das Lied von Eis und Feuer* hat die Nerd-Welt revolutioniert: High Fantasy ohne Hobbits, Zauberer, Orks und Elben – schier undenkbar. Und doch hat es George R. R. Martin geschafft, sich in dieser sehr abgeriegelten Welt der Fantasy durchzusetzen. Mit Humor, Intrigen und starken, vielschichtigen Charakteren. Die Fernsehserie *Game of Thrones* wiederum stellt bereits mit der zweiten Staffel einen zweifelhaften Rekord auf: über 35 Millionen illegale Downloads. Wir dürfen gespannt sein, wie hoch die folgenden Staffeln die Downloadquote treiben werden.

Hier einige bekannte Zitate aus der Serie:

- Daenerys: »Er war kein Drache. Feuer kann einen Drachen nicht töten.«

- Daenerys: »Ich besitze kein mitfühlendes Herz.«

- Eddard Stark: »Kriege sind einfacher als Töchter.«

- Syrio: »Betest du zu den Göttern?«

- Arya Stark: »Den Alten und den Neuen.«

- Syrio: »Es gibt nur einen Gott und sein Name ist Tod, und es gibt nur eines, was wir dem Tod sagen: ›Nicht heute.‹«

- »Ein Lennister begleicht stets seine Schuld.«

- Tyrion: »Ein Verstand braucht Bücher wie ein Schwert den Schleifstein.«

- Cersei: »Je mehr Menschen man liebt, desto schwächer ist man. Wider besseres Wissen tut man ihnen Gefallen. Man handelt wie ein Narr, um sie glücklich zu machen, sie beschützt zu wissen. Liebe niemanden außer deine Kinder. In der Beziehung hat eine Mutter keine Wahl.«

- Stannis: »Eine gute Tat macht eine böse nicht wett und eine böse nicht die gute.«

- Theon: »Besser ich bin grausam als schwach.«

- »Was tot ist, kann niemals sterben.«

- Daenerys: »Wo sind meine Drachen?!«

Die Mottos der verschiedenen Häuser (am Ende jedes Bandes nachzulesen):

- Haus Stark: Der Winter naht

- Haus Lennister: Hört mich brüllen

- Haus Baratheon: Unser ist der Zorn

- Haus Targaryen: Feuer und Blut

- Haus Tully: Familie, Pflicht, Ehre

- Haus Arryn: Hoch wie Ehre

- Haus Tyrell: Kräftig wachsen

- Haus Graufreud: Wir Säen Nicht

- Haus Martell: Ungebeugt, Ungezähmt, Ungebrochen

Game One: Die Lieblings-Videospiel-TV-Sendung der Gaming-Nerds und -Geeks. Von GIGA übergewandert zu MTV, haben die Netzreporter Simon Krätschmer und Daniel Budiman (liebevoll auch Budimon genannt) *Game One* nicht nur gekapert, sondern auch mitgestaltet. Die Sendung berät bei Kaufentscheidungen, spielt Videospiele an und berichtet von Spielemessen wie der Gamescom. In der Sendung gibt es außerdem Rubriken, die zwischen Fachfragen aus der Games-Welt (Rubrik »Kluggeschissen«) und Howtos (zum Beispiel »Wie überlebe ich die Zombie-Apokalypse?«) ein breites Spektrum bieten. Mehr dazu hier: *www.gameone.de*. Gaming-Nerds – unplugged.

gamescom: Sie ist nicht einfach eine Messe, sie ist – nach Ausstellungsfläche und Besucherzahl – die weltgrößte Messe für Video- und Computerspiele. Und sie findet auf Kölner Boden statt!

Hier werden nicht nur Spieleneuheiten (auch für Android und iOS) präsentiert, sondern auch Konsolen erstmalig den Besuchern zur Verfügung gestellt.

Es ist bunt, laut, überfüllt – und nur echte Gamer, die Spaß am Spielen haben, sind anzutreffen. Auch Cosplayer gehören hier zum Bild, ähnlich wie auf der Leipziger Buchmesse. Die Spiele werden jedes Jahr noch detailgetreuer, noch aufwendiger, noch realistischer. Das erfreut das Gamer-Herz – und die Aussteller!

Aber was den einen freut, muss der andere noch lange nicht tolerieren – oder gar unkommentiert lassen. 2011 brachte RTL die Gamer-Community mit einem sehr klischeehaften Bericht über die gamescom gegen sich auf, den die Moderatorin Nazan Eckes wie folgt einleitete: »Sollten irgendwann doch Außerirdische bei uns auf der Erde landen, könnten sie auf folgender Veranstaltung wirklich enge Freundschaften schließen.« – Chapeau, liebes RTL!

Gene Roddenberry: Humanist, Godfather of Scifi und der Erfinder des »Ersten Kontakts«. Es gibt keinen Nerd, der ihn nicht kennt oder seine Serien nicht gesehen hat (*Star Trek* oder die von Notizen Roddenberrys inspirierten Serien *Andromeda* und *Mission Erde*). Gene Roddenberry starb am 24. Oktober 1991 an Herzversagen, doch er ist weiterhin bei uns und wacht über uns – denn seine Asche schwebt in der Erdatmosphäre (eine der allerersten Weltraumbestattungen).

Generation C64: Wer C64 hört, wird automatisch an den Commodore 64 denken und ein wenig nostalgisch werden. Aus diesem Grund wurde die Generation derer, die in den 1980er-Jahren geboren wurden, »Generation C64« genannt. Viele haben einen leisen Seufzer auf den Lippen, denken sie an *The Last Ninja*, *Summer Games* oder *Turrican*. Die ersten Spiele – das Speichermedium so groß wie Videokassetten –, mit denen diese Generation in Kontakt kam, waren *Pac-Man* und *Pong* (Atari 1972). Man spielte in Kneipen an Arcade-Automaten, wenn man keine Heimkonsole besaß, und lernte fleißig Befehlsketten. »GO 64«
»ARE YOU SURE (Y/N)« waren wohl die bekanntesten Befehle, und jeder Knirps wusste, was man einzugeben hatte. Man demonstrierte gegen die Deutsche Post (damals einziger Access Provider Deutschlands), und die ersten Cracker- und Hackerbewegungen entstanden. C64er sind Pioniere. Sie wissen, wie langsam das Netz sein kann und wie gut wir es jetzt mit der Geschwindigkeit haben. Sie wissen, dass das Internet nicht immer so leise war und woher das ganze Übel stammt. Sie sind abgeklärt und aufgeklärt und lassen sich ihre Meinung vom Bildungsfernsehen nicht vorkauen.

Und dann gibt es da noch die Generation Y beziehungsweise die Millenials: Sie haben mehr mit den C64 zu tun, als es auf den ersten Blick den Anschein hat. Die Digital Natives (wie diese Generation auch genannt wird) sind mit dem Internet aufgewachsen.

Computer sind für sie so selbstverständlich wie Farbfernsehen und die Möglichkeit, Serien aus dem Netz zu streamen. Sie sind gut ausgebildet und wissen, was sie wollen. Das Y steht allerdings nicht für »Yes«, sondern für »Why«, denn diese Generation hinterfragt festgefahrene Konstruktionen – wie schon die C64er. Arbeit soll ihnen Spaß machen, und nicht ihr Leben bestimmen. Die Digital Natives haben Ansprüche und denken auch erst an sich, bevor sie Rücksicht auf das Große und Ganze nehmen. Sie wollen Menschlichkeit, Offenheit und Freiheit, auch in der digitalen Welt. Was die C64er begannen, setzen die Digital Natives fort. Die alten Nerds geben ihre Tastaturen an die neue Generation weiter.

Golak: Sie sind superausgebildet, vielleicht sogar promoviert. Aber sie haben nicht nur etwas im Köpfchen – sondern auch einen Fußballschrein von ihrer Lieblingsmannschaft daheim. Sie finden, dass Daniel Craig der beste Bond aller Zeiten ist, und lösen die abgefahrensten mathematischen Aufgaben, die man sich vorstellen kann – und tun dabei noch so, als wäre das nur eine Fingerübung. Die Rede ist von den Golaks. Diese besondere Unterart der Spezies Nerd steht aufgrund ihres geringen Vorkommens unter Nerdschutz. Golaks sind Nerds, deren Interessenbereiche rein maskulin sind: Sport und Actionfilme. Allerdings sind auch hier Vermischungen mit nerdischeren Bereichen wie Fantasy oder IT möglich. Die Wahrscheinlichkeit, einen Golak zu treffen, ist ungefähr so groß wie die, von einem Kieselstein aus dem All getroffen zu werden.

H WIE ...

Harry Potter: Wer kennt ihn nicht? Den Junge mit der Narbe und ohne Eltern, der bei seiner Tante Petunia, seinem Onkel Vernon und mit seinem dümmlichen und fetten Cousin Dudly aufwachsen muss, bis er zu seinem elften Geburtstag die Einladung nach Hogwarts bekommt – auf die viele Nerds und Nerdines immer noch warten. Muggel, die Winkelgasse, der Tropfende Kessel, der Hogwarts-Express, Animagus, Auror et cetera sind Begriffe und Namen, die jedem Kind und Mittzwanziger geläufig sind (ebenso wie alle Zauber, die Harry und seine Freunde anwenden).

Joanne K. Rowling hat mit *Harry Potter* nicht einfach einen Trend erschaffen, sondern die Magie mit unserer Welt verbunden. *Harry Potter* ist nicht einfach eine Romanreihe, sondern Popkultur der besonderen Art. Acht Filme (die zusammen 7,7 Milliarden US-Dollar einspielten) wurden gedreht und neben Videospielen und einem Themenpark gibt es eine eigene Website (*Pottermore*), auf der der Benutzer als eigenständiger Schüler (aber in Harrys Fußstapfen) die Welt der Zauberer erkunden kann.

Hier einige Facts, die für den einen oder anderen *Harry Potter*-Fan vielleicht neu sein könnten:[*]

> Die Geschichte um Harry Potter sollte ursprünglich Hermine gebühren, allerdings musste Rowling auf Wunsch ihres damaligen Verlages die Geschichte umschreiben, weil sich fantastische Abenteuerromane mit Jungen als Helden besser verkaufen.

[*] *Sponsored by Hamburger Morgenpost*

🪄 Über die Filme verteilt spielten sechs verschiedene Schauspieler Lord Voldemort.

🪄 »Dumbledore« ist das frühneuenglische Wort für »Hummel« (Bumblebee).

🪄 Der am wenigsten erfolgreiche *Harry Potter*-Film spielte immer noch mehr ein als der erfolgreichste *Twilight*-Film.

🪄 Drachenblut ist ein sehr effektiver Ofenreiniger.

🪄 Daniel Radcliffe lieh Edward in der Cartoon-Parodie von *Twilight* seine Stimme.

🪄 »Vol de mort« heißt auf Französisch »Todesflug«.

🪄 Die Darstellerin der Maulenden Myrte war zur Drehzeit 37 Jahre alt – und damit die älteste Darstellerin eines Hogwarts-Schülers.

🪄 Die Darsteller der Weasley-Zwillinge sind in Wirklichkeit nicht rothaarig, sondern brünett.

🪄 Rowling und Astrid Lindgren verbinden die zahlreichen Absagen von Verlagen, bevor sie berühmt wurden.

🪄 J. K. Rowling ist die erste Autorin (und der erste Autor), die mit dem Schreiben von Büchern Milliardärin wurde.

🪄 Nach Angaben des Carlsen-Verlags wurden in Deutschland, Schweiz und Österreich bisher circa 31 Millionen *Harry Potter*-Romane verkauft. Damit befindet sich rein statistisch in jeder Familie mindestens ein *Harry Potter*-Fan. Weltweit wurde *Harry Potter* fast 400 Millionen Mal verkauft.

🪄 Nach dem großen Erfolg von *Harry Potter* wurde ein »Gleis 9¾«-Schild in King's Cross aufgehängt.

🪄 Rowling selbst wäre (nach eigenen Angaben) vom Sprechenden Hut ins Haus Hufflepuff gesteckt worden.

🪄 Die Todesser hießen ursprünglich »Knights of Walpurgis«.

🪄 Das Wort »Muggel« (Rowlings Zauberer-Bezeichnung für Menschen nicht magischer Abstammung) wurde 2003 offiziell ins *Oxford English Dictionary* aufgenommen.

🪄 Hermine Granger hätte fast »Hermine Puckle« geheißen.

Heldenverehrung: Nicht nur bei Kindern, sondern auch bei Nerds ist diese Art der Verehrung sehr ausgeprägt. Allerdings bezieht sie sich bei ihnen nicht rein auf Superhelden, sondern auch auf Raumschiff Enterprise, Star Wars oder Wissenschaftsmenschen wie Isaac Newton und Albert Einstein. Das geht von Postern und Kostümen bis hin zu kleinen Anbetungszentren (auch »Conventions« genannt). Nerds haben es sich zudem zur Aufgabe gemacht, ihren Idolen immer ähnlicher zu werden – das wäre eine Erklärung für die todschicken Pullover, die sie für gewöhnlich tragen.

Hello World!: Es ist unglaublich, aber mit diesem Satz beginnt jeder Nerd seine Programmierkarriere. Das Hallo-Welt-Programm ist ein kleines Computerprogramm, das auf einfache Weise zeigen soll, welche Anweisungen für ein Programm in einer Programmiersprache benötigt werden. Es erlaubt also einen ersten Einblick in die Syntax der Programmiersprache.[28] Aufgabe des Programms ist, den Text »Hello World!« auszugeben. Also zum Beispiel in der Programmiersprache C:

```
#include <stdio.h>
int main(void)
{
printf (»Hello World!«);
return 0;
}
```

Hexadezimalzahlen: 4e   45   52   44
                                N   E   R   D

Hexadezimalzahlen sind, wie der Name schon sagt, eine Ur-Erfindung der Hexen. Diese rituellen Zahlen wurden im frühen Mittelalter verwendet, um verschlüsselte Botschaften über das damals nur unter Hexen verbreitete Wireless-LAN zu übertragen. Oder so. Hexadezimalzahlen verwalten in Wirklichkeit nur das Binärsystem – etwas komfortabler als mit Einsen und Nullen.

Das Hexadezimalsystem eignet sich, um Folgen von Bits darzustellen. Vier Stellen einer Bitfolge (tatsächlich »Nibble« genannt) werden wie eine Dualzahl interpretiert und entsprechen so einer Ziffer des Hexadezimalsystems. Die Hexadezimaldarstellung der Bitfolgen ist leichter zu lesen und schneller zu schreiben – wenn man den Informatikern Glauben schenken darf.

Hobbys: Der Nerd hält es mit seinen Hobbys wie mit seinem ganzen Leben: Normal ist langweilig. Der Nerd liebt die Randsportarten oder Extreme. Deswegen ist alles, was er macht, entweder unbekannt oder bizarr – oder beides. Hier einige bekanntere Freizeitbeschäftigungen der Nerdisten und Geekers:

Blobbing: Schon alleine, weil der Blobb wie eine überdimensionale Ploppfolie aussieht, ist diese Fun-Sportart interessant für Nerds. Im Wasser (ein großer See ist dafür bestens geeignet) schwimmt ein mit Luft gefüllter, knallbunter Gummischlauch – der »Blobb«. An einem Ende liegt der »Blobber« und wartet darauf, dass jemand auf das hintere Ende des Blobbs springt. Dieser Jemand wird »Jumper« genannt und springt von einem Sprungturm auf den Blobb. Der Blobber wird daraufhin meterhoch in die Luft katapultiert. Adrenalinkick pur!

Geocaching: Nicht erst seit *Fünf* von Ursula Poznanski ist Geocaching bekannt. Die digitale Schnitzeljagd wird mithilfe von GPS-Empfängern gespielt. Die »Caches« werden anhand geografischer Koordinaten im World Wide Web veröffentlicht und können anschließend gesucht werden. Dabei gibt es unterschiedliche Schwierigkeitsgrade, und wer etwas aus dem Cache als Jagdobjekt an sich nimmt, muss dafür etwas anderes für den nächsten Geocacher zurücklassen. Das Spiel hat ein hohes Suchtpotenzial; es gibt Personen, die an einem Wochenende 86 Caches ersuchen.

Jugger: Jugger sieht ein bisschen peinlich aus – zwei Mannschaften gehen mit überdimensionalen Wattestäbchen aufeinander los. Doch dahinter steckt mehr, als es den Anschein erweckt! Denn es ist eine Mischung aus American Football und Zweikampf: Zwei Teams à fünf FeldspielerInnen versuchen, den »Jugg«, also den Spielball, in der Mitte des Spielfelds zu erobern und ins Platzierfeld des gegnerischen Teams zu tragen. Vier der fünf SpielerInnen sind mit sogenannten »Pompfen« ausgestattet, den verschiedenen

Spielgeräten, die tatsächlich an Wattestäbchen erinnern (eines davon nennt sich denn auch »Q-Tip«). Wird ein Spieler von einer solchen Pompfe getroffen, darf er für eine bestimmte Zeitspanne nicht ins Spielgeschehen eingreifen. Die fünfte Person, der Läufer, trägt keine Pompfe. Sie ist die Einzige, die den Jugg in die Hand nehmen darf. Ihre Aufgabe ist es, geschützt durch ihre Mitspieler, den Jugg zu platzieren und damit zu punkten. Ganz schön crazy und ganz schön cool!

Laser Tag: Nicht nur Barney Stinson aus *How I Met Your Mother* spielt es. Laser Tag gibt es in Europa schon ein wenig länger – doch durch die US-amerikanische Sitcom erlebt das Strategiespiel seinen zweiten Frühling. Man kann es in verschiedenen Varianten – als Einzelspieler oder im Team – spielen. Ziel ist es, die meisten Punkte zu erspielen. Die bekommt man, indem man gegnerische Spieler mit dem Laser markiert. Hierbe kommt es insbesondere auf Zielgenauigkeit und Taktik an. Legendary oder Noob – darüber entscheiden Reaktionsfähigkeit und Ausdauer.

Paintball: Sheldon, Leonard, Howard und Raj spielen es. Es kann also nur geil sein! Paintball ist der große Bruder des Laser Tag – gespielt wird hier mit Druckluftgewehren, die mit Farbmunition gefüllt sind. Es gibt unterschiedliche Spielarten (Speedball, X-Ball, Turnierpaintball, Recreational Paintball und Woodland) und mehrere Spielverlauf-Varianten, wovon »Capture the Flag« die bekannteste Form ist: Zwei gleich große Mannschaften treten gegeneinander an. Jede Gruppe startet von einem besonderen Startpunkt aus. Dort ist die eigene Flagge gut sichtbar angebracht. Ziel ist es nun, die gegnerische Flagge zu stehlen und sie zum eigenen Startpunkt zu bringen. Viel Spaß, Adrenalin und schillernde Blutergüsse sind bei diesem Spiel garantiert!

Parkour: Das liebste Spiel der Nerds: Gehe auf direktem Wege von Punkt A nach Punkt B und überwinde dabei sämtliche Hindernisse – egal ob Pfütze, Papierkorb, Blumenbeet, Mülltonne, Bauzaun oder Einfamilienhaus. Die Umsetzung ist allerdings etwas holprig. Erfunden wurde diese Sportart in Frankreich von dem verrückten Schauspieler David Belle, der es wiederum von seinem Vater gelernt hat. Total nerdy, diese Franzosen!

Planking: Wer Parkour für verrückt hält, der sollte erst einmal Planking (auch das »Hinlegen-Spiel« genannt) sehen. Es ist vollkommen verrückt. Planking begann als Witz im Internet: Leute machen sich steif wie ein Brett und lassen sich in den absurdesten Positionen fotografieren, um das Ganze auf Facebook zu posten. Jetzt ist es Hype geworden.

Slacklining: Man sieht sie in Parks, zwischen Bergspitzen herumturnen oder auf World Cups: Die Slackliner. Konzentration und Balance – das ist Slacklining. Beides Dinge, die Nerds nur bedingt beherrschen und genau aus diesem Grund immer wieder üben – bis zur verdammten Perfektion. Die »Slackline«, ein Gurtband, wird zwischen zwei Befestigungspunkten gespannt, anschließend muss man darüberbalancieren. Dabei gibt es auch Slackliner, die Hand- oder Kopfstand auf dem Band machen oder gar darauf Einrad fahren – was allerdings bei den Nerd-Slacklinern, die sehr traditionsbewusst sind, eher verpönt ist. Slacklining ist einfach aufgebaut und etwas für jedermann. Und deswegen mittlerweile so beliebt!

Stunt Pogo: Wer den Pogo Stick kennt, der kann sich vorstellen, was Stunt Pogo ist – einfach nur abgefahren. Stunt Pogo wird mittlerweile sogar in einem Atemzug mit Extremsportarten wie BMX oder Skateboarding genannt. Denn die Tricks, die diese Pogo-Boys draufhaben, sind einmalig – und zur Nachahmung nur bedingt zu empfehlen.

Hornbrille: Einst das Markenzeichen der Nerds, ist sie heute- Trend. Nerds trugen sie – gern auch mit Klebestreifen bestückt – nicht nur, um sich als Mitglied der Spezies Nerd zu kennzeichnen, sondern vor allem, weil sie schon früher wussten, wie scharf diese Brille aussieht (und wie robust sie ist). Nun jedoch müssen sich Nerds ein anderes Markenzeichen einfallen lassen (bunte Kontaktlinsen sind den Otakus vorbehalten).

Hugo Gernsback: Ein Name, der selbst manchen Nerds nichts sagt. Dabei ist der US-amerikanische Verleger und Autor einer der Visionäre der Science-Fiction – er bot sogar dem E-Technik-Gott Nikola Tesla einen Ort, an dem dieser seine Thesen einem Publikum schriftlich präsentieren konnte. »Do it yourself« war dabei Gernsbacks Lieblingsthema. Mit 80 Patenten (wie dem Hypnobioscope – einer Gerätschaft, die dem Nutzer helfen sollte, während des Schlafs zu lernen – oder dem Osophon, mit dem Gehörlose Töne durch die Zahnknochen wahrnehmen sollten) war Hugo Gernsback ein Vordenker seiner Zeit.

Gernsback verlegte ab 1908 zahlreiche technische Magazine, die sich mit Radio und Elektronik auseinandersetzten, wie *Modern Electrics*, *Electrical Experimenter* und *Science and Invention*.

Schon damals (über 20 Jahre vor Gene Roddenberry) dachte Gernsback an Strahlenpistolen und Fernseherbrillen (»Teleyeglasses« genannt und aus dem Jahre 1936 – vielleicht die Inspiration für Google Glass?).

1967 starb Gernsback, jedoch wird bis heute der Science-Fiction-Achievement-Preis von den Mitgliedern der World Science Fiction Society vergeben, der nach Gernsback »Hugo« genannt wurde.

I WIE ...

iMania: Apple hat geschafft, wovon andere Hersteller nur träumen können: Menschen kampieren vor den Geschäften, um am Releasetag Hunderte von Euro für das neueste Produkt zahlen zu dürfen – und sie beten den Gründer Steve Jobs als iGod an. Pressekonferenzen gleichen Rockkonzerten, und die Schlangen vor den Stores stellen Ticketverkäufe von Madonna oder Justin Bieber in den Schatten. iMac, iPod, iPhone – der Dreiklang der Apple-Erfolgsgeschichte. Selbst wenn man Apple nicht kauft, wird man davon beeinflusst, denn alle anderen Hersteller orientieren sich an Apple. Apple macht süchtig, und Apples Fangemeinde ist eine Art Konsumsekte.

Von Microsoft-Chef Bill Gates wurde Apple nur belächelt – denn Apple-Gründer Jobs konnte nicht einmal programmieren –, dann aber arbeitete sich Apple hoch, bis es mit Microsoft konkurrieren konnte. Und doch kann man Apple und Microsoft nicht gänzlich voneinander trennen. Noch heute denken viele Apple-Fans mit Bestürzung an die Minute zurück, als Steve Jobs Bill Gates auf der Macworld Conference & Expo 1997 in Boston als Retter in der Not ankündigte. Von einer überdimensionierten Videowand schaute Bill auf das Publikum wie Big Brother auf sein Volk. Wer mehr zum Phänomen Apple wissen will, sollte entweder *Steve Jobs: und die Erfolgsgeschichte von Apple* lesen oder einfach auf *www.mac-history.de* vorbeisurfen.

Internet: Auch »das Netz« genannt oder wissenschaftlich ausgedrückt: »interconnected network«. Eine im 20. Jahrhundert erfundene Geheimwaffe zur Prokrastination und Suchtzentrale der Jugend und Gaming-Nerds.

Natürlich ist das Internet in Wirklichkeit kein reines Suchtmittel, sondern geht auf das 1969 entstandene Arpanet (= Advanced Research Projects Agency Network) des amerikanischen Verteidigungsministeriums zurück. Ursprünglich wurde es zur Vernetzung von Universitäten und Forschungseinrichtungen genutzt. Anfängliches Ziel des ARPA-Projekts war es, die knappen Rechenkapazitäten sinnvoll zu nutzen. Heute ist das Internet mit knapp 94.265.900 fortwährend verbundenen und mehr als 580 Millionen sporadisch angeschlossenen Computern das größte Netzwerk der Welt (deswegen auch World Wide Web) – mit einer Zuwachsrate von über 30 Prozent pro Jahr.[29]

Das Netz – würde es leuchten, sähe es nachts aus wie die Neuronenverbindung eines Gehirns. Unheimlich, aber cool.

J WIE ...

Japan: Nicht umsonst gibt es den Otaku! Kein Land ist so beliebt bei den Nerds wie Japan. Vielleicht durch die völlig fremde Kultur, oder aber wegen des Nerdismus, der dort großgeschrieben wird. (Sex mit Gummipuppen oder kunstvolles Bondage werden hier kategorisch ausgeschlossen.) Denn wenn es um den Hornbrillenquotienten geht, sind dort mehr Nerds unterwegs, als man zählen kann.

Java: Nicht mit Jamba zu verwechseln! Programmierer, die Java verwenden, erkennt man schnell an dem Kaffeebecher, den sie gut sichtbar am Rucksack tragen – nicht im Rucksack. Es ist das (jetzt nicht mehr so) geheime Erkennungsmerkmal dieser Programmierer-Sekte.

Java gehört – zusammen mit C++, FreeBASIC und PHP – zu den höheren Programmiersprachen, die für den Menschen besser verständlich sind. Zu den ersten höheren Programmiersprachen zählt auch Plankalkül (entwickelt von Konrad Zuse), der auch mit Zuweisungen, Schleifen, Gleitkommastellen und verschiedenen Datentypen arbeiten kann. Jedoch nutzt diese Programmiersprache – wie auch bekannte Programmiersprachen heutzutage – keine Worte. Plankalkül braucht einen Compiler (und einen Programmierer), der arithmetische Zeilen wie (Z1[:8.0] < V1[:8.0]) → V1[:8.0] → Z1[:8.0] versteht und anzuwenden weiß. Quellcode war früher also nicht so verständlich wie heute.

Wirkliche Maschinensprache (Binärcode mit Einsen und Nullen) verwendet heutzutage niemand mehr. Sprechen Informatiker heutzutage von Maschinensprache, sind Assembler oder C gemeint, die mit Registern statt mit Klassen und Objekten arbeiten. Compiler übersetzen diese höhere Programmiersprache in Maschinensprache. (Den ersten Compiler entwickelte übrigens eine Frau: die amerikanische Informatikerin Grace Hopper.) Heutzutage programmieren nur noch Hardcore-Nerds hardwarenahe Sprachen wie C oder Assembler.

Es gibt so gut wie keine Zahl von 0 bis über eine Milliarde, die nicht irgendeine wichtige Bedeutung hat.

K WIE ...

Konstanten: Möchte man über Konstanten sprechen, muss man sich erst einmal einigen, ob mathematische oder programmierte Konstanten gemeint sind. Denn Konstanten sind Zahlen oder Zahlenreihen, die (in der Informatik) während eines Programms immer denselben Wert haben oder (in der Mathematik) physikalisch unabhängig definiert wurden. Konstanten sollen das Leben der Mathematiker einfacher gestalten, da man sie nicht immer wieder kompliziert berechnen muss, sondern in Gleichungen einsetzen kann. Die berühmteste Konstante ist π (~3,14159 26535 89793 23846 ...) oder auch »Kreiszahl« genannt. Sie ist so etwas wie die heilige Zahl der Mathematik, da sich schon Generationen von Mathematikern damit begnügen, π zu berechnen – die letzte Kommastelle kennt bislang niemand.

Die Eulersche Zahl e (~2,71828 18284 59045 23536 ...) ist nicht nur die Basis des Logarithmus (Mathematiker-Leitspruch: »Mit ln schießt man Exponenten ab«), sondern auch noch eine transzendente Zahl. Das heißt, sie kann niemals als Nullstelle eines Polynoms auftauchen und ist auch noch irrational.

Überhaupt haben Mathematiker eine besondere Beziehung zu Zahlen. Die 70 ist die kleinste merkwürdige Zahl (sie lässt sich nicht als Summe ihrer Teiler darstellen), die 42 nennt man die fünfte Catalan-Zahl, die 85 kann man auf zwei Arten als Summe zweier Quadratzahlen bilden ($85 = 9^2+2^2=7^2+6^2$), die 666 ist (unter anderem) die

Summe von 1 bis 36 et cetera. Es gibt so gut wie keine Zahl von 0 bis über eine Milliarde, die nicht irgendeine wichtige Bedeutung hat.

Ähnlich sieht es aus bei den physikalischen Konstanten aus, die jedoch einen unveränderbaren Messwert ausdrücken. Die dazu gehörenden SI(Système international d'unités)-Einheiten sind festgelegte Einheiten wie Meter, Kilogramm, Sekunde, Ampere, Kelvin, Mol und Candela. Aus diesen Einheiten lässt sich jede beliebige Einheit wie Elektrovolt oder Pascal zusammensetzen.

Die bekanntesten physikalischen Konstanten sind: die Lichtgeschwindigkeit c (299 792 458 m/s), die Magnetische Feldkonstante μ_0 ($4\pi \cdot 10^{-7}$ Vs/(A·m)), der Absolute Nullpunkt T_0 (0 K = −273,15 °C), die Faraday-Konstante F (96 485,3365 (21) C/mol) oder die magnetische Leitfähigkeit/Permeabilität μ von Vakuum (1).

Konstanten sind für die MINT-Fächer lebenswichtig – und damit auch für alle Nerds. Und weil Mathematik ein großer Bestandteil des Nerdismus ist, werden Konstanten nicht nur groß-, sondern griechisch geschrieben – allen voran die göttliche Zahl π.

L WIE ...

Lego: Es sind nicht einfach Plastiksteinchen, die aufeinandergeschichtet werden. Lego hat viel mehr zu bieten als Bauernhöfe, Tiere und Piratenschiffe – obwohl mit ebensolchen Dingen der gemeine Nerd anfängt und groß wird. Lego ist etwas für jedes Alter, und das zeigen sie auch mit der *Mindstorms*-Serie, in der ältere Lego-Spieler Roboter nicht nur zusammenbauen, sondern auch mit Java programmieren können. Aus diesem Grund ist Lego essenziell für Nerds und ihren Nachwuchs. Denn wer ein ordentlicher Nerd werden will, der sollte schon früh (und trotzdem kindgerecht) gefördert werden. Außerdem wollen die Eltern auch mitspielen ...

Logik: Nicht nur Nerdines und Geek Girls verfügen über diese unbestechliche und kühle Art der Argumentation, auch Nerds und Geeks können damit durchaus etwas anfangen. Logik gehört (wie bei den Vorbildern der Nerds, den Vulkaniern) zu jedem Bereich des Nerd-Daseins. Ob Hobby, sozialer Umgang oder einfach nur ein Buch – alles muss logisch nachzuvollziehen sein.

Aus diesem Grund fällt es Nerds auch so schwer (schwerer als Nerdines, die den Logikmodus ausschalten können), in einer Gemeinschaft, die auf Empathie aufgebaut ist, zu bestehen. Denn – da wird jeder zustimmen können – Emotionen sind alles andere als logisch nachvollziehbar.

LucasArts: »Hinter dir! Ein dreiköpfiger Affe!« – Wer hat nicht schon einmal Monkey Island oder Maniac Mansion gespielt?

2013 ist das Jahr, in dem nicht nur *Star Wars* von Disney geentert, sondern auch LucasArts geschlossen wird – nach 31 Jahren.

»Nur durchschnittlich« lautete das Todesurteil. Dabei hatte LucasArts die Branche zwei Jahrzehnte lang mit unvergleichlichen Titeln geprägt. Allerdings hatte LucasArts in den vergangenen Jahren längst nicht mehr auf Witz und Kreativität gesetzt – wie noch bei *Monkey Island* oder *Zak McKracken and the Alien Mindbenders*. Vielleicht haben sie sich damit ihr eigenes Grab geschaufelt. Dennoch trauert die Fangemeinde um ein legendäres Game-Studio, das viele Nerds und Geeks bis ins Erwachsenenalter begleitet hat … und immer noch beglückt.

Guybrush Threepwood

M WIE ...

Manga: Heftchen, die man verkehrt herum liest ... Figuren mit runden Köpfen, großen Augen und unmöglichen Proportionen. Manga (jap. 漫画) ist der japanische Begriff für Comics. Man bezeichnet damit aus Japan stammende Comics und Comics aus anderen Ländern, die im japanischen Stil gezeichnet wurden. Sie werden oft von Nerds gelesen und noch öfter von Otakus, die ganze Bücherregale voller Mangas besitzen, diese hegen und pflegen und sich nicht von ihren Schätzen trennen können. Fast wie Smaug und sein Zwergengold.

Mangas sind traditionell in Schwarz-Weiß gehalten und werden von hinten nach vorne und von rechts nach links gelesen. In Japan gibt es hundert- bis tausendseitige Hefte, die alle zwei Wochen erscheinen und in denen mehrere Mangas zusammengefasst sind. In Deutschland hingegen gibt es Mangas ausschließlich als Taschenbuchausgaben – vielleicht eine Vorliebe der Deutschen. Wobei es auch in Japan Mangas in Taschenbuchformat gibt ... allerdings erst nachdem sich eine Serie als rentabel erwiesen hat. Die größten deutschen Manga-Verlage Carlsen Comics, Egmont Manga (EMA), Tokyopop, Planet Manga (Manga-Label von Panini Comics) und Heyne veröffentlichen jährlich über 800 Mawnga-Bände[30] – viel, aber kein Vergleich zum japanischen Markt. Die Manga-Produktion in Japan hat mittlerweile eine derartige Dimension angenommen, dass mehr Papier für Mangas als für die Herstellung von Toilettenpapier verwendet wird.

Millennium-Probleme: Rätsel lösen bei manchen Normalos Freude aus – und erst recht beim Nerd. Doch ein Streber, Stubenhocker und Sonderling gibt sich nicht mit Sudokus oder Kreuzworträtseln zufrieden. Er will mehr, mehr und immer mehr. Aus diesem Grund stellte im Jahre 2000 das berühmt-berüchtigte Clay Mathematics Institute (CMI) in Cambridge (Massachusetts) eine Liste ungelöster Probleme der Mathematik auf – sieben Probleme sind es an der Zahl. Und das Beste ist: Wer sie knackt, bekommt pro gelöstes Problem eine Million Dollar Preisgeld. Na, wenn das kein Anreiz ist! Ein Problem wurde bereits von dem Russen Grigori Perelman gelöst (der Beweis der sogenannten »Poincaré-Vermutung«), allerdings verzichtete er auf das Geld. Unvorstellbar für viele, denn wer schlägt bitte eine Million Dollar (umgerechnet circa 730.000 Euro) aus?! Genie und Wahnsinn liegen oft nah beieinander …

Wie auch immer, übrig bleiben jedenfalls sechs Probleme:

1. Das P-NP-Problem: Es geht um P (= Probleme, die schnell und deutlich lösbar sind; deterministisch lösbar) und NP (= Probleme, die sich nur mühsam berechnen lassen, weil die Lösungsmöglichkeiten exponentiell ansteigen; nicht deterministisch lösbar, alle möglichen Lösungswege werde ausprobiert, bis man das Ziel erreicht). Das berühmteste Beispiel hierfür ist der Reisende, der möglichst viele Städte mit einer möglichst kurzen Route besuchen möchte.

Die Grundfragestellung ist: Können alle Probleme, die über einen nicht deterministischen polynomiellen* Lösungsweg gefunden wurden, auch über einen deterministischen polynomiellen Lösungsweg gefunden werden – anders herum ist es möglich.

Dass PN unmöglich mit derselben Zeit und der gleichen Wirksamkeit und Wirtschaftlichkeit wie P berechnet werden kann, hat

* *Polynomiell/Polynomialzeit: benötigte Rechenzeit, die nach einer Polynomfunktion von den Eingangsgrößen abhängt.*

2010 der Forscher Vinay Deolalikar mit einer knapp 100-seitigen Ausarbeitung[31] zu belegen versucht, die jetzt schon einige Lücken aufweist, also nicht stichhaltig ist. Was aber nicht bedeutet, dass der Preis zurückgezogen wird und die Wissenschaftler und Forscher die Flinte ins Korn werfen. Denn wie sagt schon ein japanisches Sprichwort: »Sage niemals, es ist unmöglich – du kannst nur sagen, du hast es noch nicht probiert.«

2. Analyse der Navier-Stokes-Gleichungen: Aus dem 19. Jahrhundert stammt dieses mathematische Problem, das Claude Louis Marie-Henri Navier und George Gabriel Stokes aufgestellt haben. Es beschreibt Strömungen von newtonschen Flüssigkeiten und Gasen (Wirbeln und Turbulenzen wie im Windkanal). Die Gleichungen sind Erweiterungen der Euler-Gleichung, zu denen noch keine mathematische Lösungstheorie existiert.

3. Beweis der Riemann-Hypothese: Die Riemann-Hypothese dreht sich um die genaue Abschätzung der Verteilung der Primzahlen – also aller Zahlen, die nur durch sich selbst und durch 1 ganzzahlig teilbar sind. Aufgestellt hat dieses Problem der Göttinger Mathematiker Bernhard Riemann – im Jahre 1859. Bei der Riemannschen Vermutung geht es um die mathematische Grundfunktion der Primzahlen, welche in einem noch ungelösten Verhältnis zueinander stehen – also um die Frage, in welchem Abstand zueinander und warum sie so aufgereiht sind. Riemann hat versucht, die Zahlen in einer zweidimensionalen Ebene (x- und y-Achsen) darzustellen, und ist dabei auf eine Lösung gestoßen, deren Gültigkeit aber bis heute nicht für die Gesamtheit aller Primzahlen nachgewiesen werden konnte.

4. Beweis der Vermutung von Birch und Swinnerton-Dyer: In den 60er-Jahren stellten Bryan Birch und Peter Swinnerton-Dyer eine Vermutung im Bereich der Zahlentheorie auf. Es geht dabei um elliptische Kurven und um rationale Punkte auf diesen Kurven, die Bruchzahlen als Koordinaten haben. Es soll eine Beziehung zwischen den Teilbarkeitseigenschaften von ganzzahligen Lösungen und der Vielfalt dieser rationalen Punkte hergestellt werden. Und damit ist keine Liebesbeziehung gemeint.

5. Erforschung der Yang-Mills-Theorie: In den 50er-Jahren wurde diese Theorie von den Physikern Chen Ning Yang und Robert L. Mills verfasst; sie befasst sich mit der mathematischen Darstellung der starken Wechselwirkung, welche im Gegensatz zu den anderen drei in der Natur vorkommenden Wechselwirkungen (Elektromagnetismus, Gravitation und Schwache Wechselwirkung) bisher nicht mathematisch gelöst wurde. Explizit gesucht sind die Kräfte, die Quarks zu Protonen und Neutronen verbinden, und eine Gleichung, welche die Anziehung dieser Teilchen beschreibt. Probleme stellen dabei die Quarks dar, die nicht beobachtet werden können und theoretisch masselos sind – was jedoch der kurzen Reichweite der starken Wechselwirkung widerspricht. Die Aufgabe liegt darin, diese Wechselwirkung mathematisch darzustellen.

6. Beweis der Hodge-Vermutung: Der britische Mathematiker W. V. D. Hodge (1903–1975) leistete einen grundlegenden Beitrag zur Algebraischen Geometrie – zum Verständnis der Lösungsmengen von Polynomgleichungen. Es geht um die Unterstruktur von Polynomgleichungen, mit denen man alle möglichen naturgegebenen Formen beschreiben kann. Die Frage, die Hodge stellte, ist, ob man alle (wirklich *alle*) Formen von Unterstrukturen mit Polynomgleichungen beschreiben kann.

Die Millennium-Probleme sind sozusagen eine Mathematik-Olympiade für große Jungs und Mädchen. Hier winken nicht nur Ruhm und Ehre, sondern auch ein Batzen Geld (wenn man es denn nicht ausschlägt). Viele Nerds trauen sich nicht einmal in die Nähe dieser Theorien, obwohl ebenjene Jungs und Mädels in der Schule jeden Wettkampf im Kopfrechnen gewonnen haben. Keine einfachen Aufgaben also, aber für eine Million Dollar darf von den kleinen grauen Zellen wohl etwas Anstrengung erwartet werden.

Weitere mathematische Probleme, die auch die Mathematiker des dritten Jahrtausends beschäftigten dürften, wären übrigens:

- Das Collatz-Problem: Man beginne mit einer natürlichen Zahl (1, 2, 3, 4 ...) n > 0. Ist n gerade, nehme man: n/2. Ist n ungerade, nehme man: 3n + 1. Wiederholt man diese Vorgehensweise, kommt man zu einem Ergebnis, das Collatz wie folgt formuliert hatte: »Jede so konstruierte Zahlenfolge mündet in den Zyklus 4, 2, 1, egal, mit welcher natürlichen Zahl n > 0 man beginnt.« Und was soll ich sagen ... es funktioniert. Jedes verdammte Mal. Und genau dies ist das Problem und die Aufgabe: Finde eine Theorie, die dieses Vorgehen erfolgreich und für alle Fälle widerlegt.

- Die Frage: Gibt es unendlich viele Primzahlzwillinge? Oder -vierlinge, -sechslinge?

- Gibt es ungerade vollkommene Zahlen (Zahlen, die gleich der Summe aller ihrer [positiven] Teiler – außer sich selbst – sind)?

Minecraft: Das Spiel vereint drei Bereiche, die alle Nerds – für gewöhnlich – lieben: Geometrie, Monster bekämpfen (um Erfahrungspunkte zu erlangen, um noch bessere Gegenstände bauen und verzaubern zu können) und natürlich ... Basteln. Was früher Lego war, ist heutzutage *Minecraft*. Man konstruiert in einer 3D-Welt kreative Gegenstände aus Würfeln, sammelt Ressourcen – um dann gegen oben erwähnte Monster zu kämpfen. Die Welt ist natürlich komplett offen ... und es gibt kein Ziel. Erkunden ist alles!

Minecraft ist so beliebt, dass es Tausende von Videos auf YouTube gibt, in denen Nerds mit ebenjenen quadratischen Blöcken wahre Kunststücke vollführen – kein Wunder, dass sie in CAD-Programmen immer eine Nasensitze voraus sind. Nur die Physik hat es dem Spiel nicht angetan ... denn die Blöcke sind schwerelos.

Monty Python: Britische Komikergruppe (bestehend aus Graham Chapman, John Cleese, Terry Gilliam, Eric Idle, Terry Jones und Michael Palin), die in den 70er-Jahren ihre Blütezeit erlebte. Mit ihrem schwarzen Humor parodieren sie soziale Themen. *Das Leben des Brian* gehört seit der ersten Ausstrahlung zur Nerd-Kultur, und spätestens dann, wenn der gemeine Nerd zum Uni-Nerd mutiert, wird er auch zum Monty-Python-Fan.

»Das Leben des Brian« gehört seit der ersten Ausstrahlung zur Nerd-Kultur.

Musik: Eine unrepräsentative Umfrage unter Nerds hat Folgendes ergeben:

Natürlich gibt es noch viel mehr Musikrichtungen und Musikgeschmäcker (wie Soundtrack-Musik, von der die Autorin großer Fan ist), sie haben es jedoch nicht in diese Umfrage geschafft.

N WIE ...

Nerd-Bro: Nerd-Bros sind Kopiloten der besonderen Art. Sie gehen nicht nur bei Videospielen miteinander durch dick und dünn, sondern helfen einander auch bei Nicht-Nerd-Themen (und geben sich dabei gegenseitig wenig hilfreiche Ratschläge). Ob es um Mathematik, Videospiele oder Mädchen geht, echte Nerd-Bros halten immer zusammen – außer sie knacken den Highscore des jeweils anderen.

Nerd-Jubiläen: Selten sind sich Nerds darüber einig, was besser ist: Apple oder PC, *Star Wars* oder *Raumschiff Enterprise*, Xbox oder PlayStation – Streitpunkte gibt es genügend. Doch so unterschiedlich die Geschmäcker auch sind: In den letzten drei Jahren gab es verschiedene Jubiläen, die *alle* Nerds feierten.

2011

10 Jahre Wikipedia: Verfügbar in über 260 Sprachen und Dialekten, mit mehr als 1.167.000 verschiedenen Artikeln allein in der deutschen Version (Stand: Ende 2010). Nur kurze Zeit nach seiner Entstehung hat sich Wikipedia zum wichtigsten Nachschlagewerk des Internets entwickelt.

10 Jahre iPod: Unter dem Slogan »1000 Songs in deiner Tasche« feierte Apples MP3-Player sein Debüt. Die erste Generation des iPods besaß eine Speicherkapazität von damals tatsächlich »gigantischen« fünf Gigabyte, hatte eine Akkulaufzeit von zehn Stunden und spielte ausschließlich Audiodateien ab. Was die Speicherkapazität anging, war der iPod eine kleine Revolution! Und auch durch seine intuitive Bedienbarkeit war der iPod allen anderen MP3-Playern (obwohl es sie schon seit 1998 gibt) einen großen Schritt voraus. Es soll allerdings Nerds geben, die Apple-Geräte strikt ablehnen – und dennoch Apple-Produkte besitzen. Wie das geht? Man frage einfach die Autorin, die alle paar Tage am Stadtrand von Darmstadt eine Joggingrunde dreht und dabei schon allerhand gefunden hat – zum Beispiel einen iPod nano. Man muss nur oft genug joggen gehen und den Boden im Auge behalten. Irgendwann stolpert man schon über einen iPod ... oder zwei.

20 Jahre *Sonic the Hedgehog*: In der zweiten Hälfte der 80er-Jahre dominierten Nintendo und der italienische Klempner Mario mit seinem Bruder Luigi die Heimkonsolenszene. Alle wollten Yoshi reiten, Schildkröten hauen und sich von fleischfressenden Blumen auffuttern lassen. Am 23. Juni 1991 erschien unerwartet ein rasanter Rivale: SEGA veröffentliche *Sonic the Hedgehog*. Schneller, höher, weiter hieß das neue Motto. Und alle Kinder, die damals schon den Geschmack des Nerd-Daseins antesten durften, verliebten sich in den blauen Igel, der schneller rennt als die schnellste Maus von Mexiko.

25 Jahre *Legend of Zelda*: »Link, du bist der Einzige, der Hyrule vor der drohenden Apokalypse bewahren kann!« Und Link, der tapfere Held und Schwertkünstler, bricht auf, um Prinzessin Zelda zu retten und Ganondorf das Lichtlein auszuknipsen. Das erste Mal war sein Abenteuer spielbar auf dem NES – bei uns erschien der Titel allerdings erst 1987. Inzwischen bringen es Link, Zelda und Epona (das tollste Pferd der Welt, by the way) auf über 20 verschiedene Titel. Nur drei Zelda-Spiele erschienen offiziell auf dem wenig erfolgreichen CD-i von Philips. Diese zeichnen sich durch schlechte Spielbarkeit und fürchterliche Zeichentrick-Animationen aus. Aber man muss sie trotzdem lieben ... (oder erst recht, wenn man mit Link auf CD-i groß geworden ist wie die Autorin – denn man kann sogar Zelda spielen, die Link und ihren Vater befreien muss).

30 Jahre IBM-PCs: 1977 war der Apple II bereits verhältnismäßig weit verbreitet. Allerdings basieren die meisten der heute verwendeten Heim- und Bürorechner auf dem 1981 veröffentlichten IBM 5150 Personal Computer. Warum? Nun ... aus dem gleichen Grund, warum die Mikrokassette und der CD-i floppten. Die Konsumenten wollten es einfacher, unkomplizierter ... und hübscher. Oder im Fall des CD-i: Die Mitentwickler (Sony) hatten einfach die cooleren Spiele mit einer besseren Grafik und einer handlicheren Konsole.

45 Jahre *Star Trek*: Bereits 1964 existierte ein erster Pilotfilm für eine *Star Trek*-Fernsehserie, den der Sender NBC allerdings zunächst ablehnte. Erst zwei Jahre später erschien 1966 die erste Folge der in Deutschland unter dem Namen *Raumschiff Enterprise* bekannten Serie im amerikanischen Fernsehen. *Star Trek* hat sich weltweit zu einem Kult entwickelt, der seinesgleichen sucht. Das Jahr 2011 war aber noch in anderer Hinsicht Jubiläumsjahr für Trekkies: Es ist sowohl das 90. Geburts-, als auch das 20. Todesjahr des Urgroßvaters der Science-Fiction – Gene Roddenberry – gewesen.

50 Jahre *Perry Rhodan*: Älter als *Star Trek* oder *Doctor Who*, und darüber hinaus ohne Unterbrechung veröffentlicht. Kaum zu glauben, dass die Serie ursprünglich nur auf 50 Hefte ausgelegt war! Zahlreiche berühmte Autoren wie Andreas Eschbach, Markus Heitz oder Bernd Perplies waren schon Gastautoren. Wenn Perry ruft, folgen alle Autoren. Sogar einen Ableger hat Rhodan, *Perry*

Rhodan NEO genannt, der näher am heutigen Geschehen ist. Dort findet man auch Autoren wie Oliver Plaschka oder Christian Humberg. *Perry Rhodan* ist nicht einfach eine Serie, sie ist Kultur. Und jeder Nerd sollte mindestens ein Heft dieser großartigen Reihe gelesen haben. Oder alte Hefte von den Nerd-Eltern »erben«.

50 Jahre *Fantastic Four*: Erstmals erschienen die Fantastischen Vier (erschaffen von Stan Lee und Jack Kirby) im November 1961 auf der Bildfläche. Das Superheldenteam wider Willen läutete eine neue Ära der Superhelden-Comics ein: Mr. Fantastisch, Die Unsichtbare, Die menschliche Fackel und Das Ding kämpften nicht nur mit Bösewichten, sondern auch mit Problemen aus dem realen Leben.

70 Jahre Wonder Woman: Wonder Woman war vielleicht nicht die allererste Comicheldin[*], doch sie ist mit Abstand die bekannteste. Wenn sie in Fesseln ausgeliefert ist, gibt es keinen Nerd, der nicht ihr Superheld sein will. (Wer es noch nicht wusste: Wonder Womans Schöpfer, der Psychologe William Marston, war ein erklärter Bondage-Fan.) Ein Comic, den wirklich nur Männer lieben können.

2012

50 Jahre James-Bond-Filme: Nun ein Leckerbissen für die Frauen! Der schickste Ladykiller im Auftrag Ihrer Majestät feierte 2012 sein 50. Kino-Dienstjahr und ist heute heißer denn je. Schon sechs Schauspieler verkörperten den Geheimagenten, den keine Frau von der Bettkante schubsen würde. Darunter Sean Connery, Roger Moore, Pierce Brosnan und (der neueste, noch kantigere und actionreichere Agentenschauspieler) Daniel Craig – der nach vielen

---

[*] *Die erste war Sheena, Königin des Dschungels (1937). Danach folgte Jill Carlyle, die sich teleportieren konnte (1938).*

Kritikern zu den besten Bonds gehört. Und was hat das jetzt mit Nerds zu tun? Na, wer entwickelt wohl die Spielereien von James Bond?!

Und last but not least 2013

50 Jahre *Doctor Who*: Der Urgroßvater aller Science-Fiction-Serien und -Filme, the Doctor himself, *Doctor Who*, wird ein halbes Jahrhundert alt.

20 Jahre *Deep Space Nine*: Und auch *Star Trek* hat 2013 einen Geburtstag zu verzeichnen, denn die TV-Serie *Star Trek: Deep Space Nine* wird in diesem Jahr ganze 20 Jahre alt.

Nerdcore (auch Geeksta genannt): Eine Art Nerd-Hip-Hop. Die Texte des Nerdcore beschäftigen sich mit Naturwissenschaften und Computern, aber auch mit *Star Wars* oder *Der Herr der Ringe*. Um von der Szene zum Nerdcore gezählt zu werden, müssen die Künstler ihren Stolz auf die Nerd-Szene demonstrieren – der typische »Nerd-Style« wird vorausgesetzt. Bekannte Vertreter des Nerdcores sind: MC Frontalot, MC Chmod, MC Hawking, MC Plus+, ytcracker, 1337 G33k B3at (1GB), Lords of the Rhymes, Prinz Pi oder Ultraklystron.[32]

Nerd-Musik (mit untypischen Geräten): Es ist anders, aber anders ist nicht immer schlecht, wie Musik aus Nerd-Hand beweist. Musizierende Motoren, singende Scanner und liedermachende Laufwerke: Unsere liebste alltägliche Hardware überrascht immer wieder damit, was sie alles kann. Ob im Beruf oder in der

Freizeit – immer sind wir von Maschinengeräuschen umgeben. Warum also keine Musik daraus machen? Der findige, unmusikalische Nerd weiß sich zu helfen und kann durch gezieltes Ansteuern nicht nur Tesla-Transformatoren zum Singen bringen, sondern auch Motoren oder altmodische Druckernadeln. Die Resultate sind auf YouTube zu sehen und zu belauschen. Am liebsten werden *The Imperial March* aus *Star Wars* oder die Titelmelodie von *Super Mario Bros.* nachgespielt – was sonst. Echte Nerd-Freunde rufen einen auch mal in der Mittagspause auf dem Handy an, um ein Lied vorzuspielen und einem den restlichen Arbeitstag zu versüßen – zum Beispiel *Moonlight Densetsu* aus *Sailor Moon* (danke, Ran!).

Nerd Nite: Das Motto der Nerd Nite: It's like discovery channel with beer. Und genau so kann man es sich vorstellen, wenn jemand den Beamer auspackt und einen 15-minütigen Vortrag über seine letzte Forschungsreise oder Bandwürmer oder die Großhirnrinde oder die Diplomarbeit hält. Nerd Nite funktioniert ähnlich wie ein Poetry Slam, nur mit weniger Fantasie und mehr Fach – sie ist deshalb auch als »Science Slam« bekannt.

Die Idee stammt aus den USA: In New York finden seit 2006 regelmäßig Nerd Nites statt. Und seit Juni 2009 versammelt sich auch in verschiedenen Städten Deutschlands jeden Monat eine stetig wachsende Fangemeinde. Das Konzept ist schnell erklärt: Jedes Mal stehen drei kurze Vorträge auf dem Programm. Thematisch reicht das Spektrum von Quantentheorie über Architekturgeschichte bis zum Liebesleben der Sperlinge im Hochsommer. Da wächst nicht nur die Fangemeinde, sondern auch das Nerd-Selbstbewusstsein.

Wer YouTube bemühen möchte, gebe dort mal »Frauentheorie« ein – er wird ein knapp zwölfminütiges Video von Robert Idel finden. Wer der Mathematik nicht ganz abgeneigt ist, wird herzhaft lachen können (es gibt einen Grund, warum dieser fantastische

Kerl bei der Nerd Nite im September 2012 Platz 1 belegt hat!) – Frau sollte hier ein bisschen Selbstironie mitbringen.

Nerd Porn: Ein Schelm, wer Böses dabei denkt! Nerd Porn ist lediglich ein Ausspruch von Nerds. Er wird benutzt, wenn ein Geek oder ein Nerd über Themen sprechen, die sehr lange zurückliegen und schon fast vergessen sind. Zum Beispiel:

Geek sagt: »Mann, hast du den Artikel gelesen, in dem über das Monster aus Folge 62 von *Star Trek* berichtet wurde, das aus einem Stummfilm von 1920 stammte? Jemand soll diesen Film gefunden haben. Ich wünschte, ich hätte diesen Stummfilm.«

Der Nerd antwortet: »Das ist komplett Nerd Porn, du brauchst definitiv eine Freundin.«

NICHTLUSTIG: Erfunden von Joscha Sauer, der einen schrägen schwarzen Humor hat – wie die meisten Nerds. Dabei benutzt Sauer viele Figuren, die auch Nerds faszinieren (selbstmörderische Lemminge, Yetis, Ninjas, Dinosaurier, Außerirdische und den Tod mit seinem Pudel). Jeder Nerd kennt den nerdischen Yeti und ist großer Fan von den Lemmingen, die sich einfach nicht totkriegen.

Nostalgie: Jeder Nerd erinnert sich gerne an seine Kindheit – an damals, als es noch egal war, ob man Nerd war oder nicht. Regelmäßig werden in aller Heimlichkeit Fotos und Videos ausgegraben. Und ebenjene Nostalgie ist auch der Grund, warum es Nerds gibt, die sich selbst im Jahre 2013 noch gerne mit dem Xerox Altor (kühlschrankgroßer PC aus dem Jahr 1973 mit grafischer Benutzeroberfläche), dem Commodore PET, dem Atari 2600 (8-Bit-Videospielkonsole von 1977) und dessen Nachfolger Atari 7800 sowie mit dem Sega Master System von 1987 beschäftigen. (Die Autorin selbst besitzt ein altes 16-Bit-CD-i von Philips und spielt heimlich ein Mal im Jahr im Lieblingsspiel *Zelda: The Wand of Gamelon*.) Der nostalgische Rückblick gehört zum Leben der Nerds – genau wie suizidgefährdete Lemminge und Bärchenwurst.

O WIE ...

Otaku: Der Otaku ist eine abgewandelte, stark asiatisierte Version des Nerds. Er ist ein scheues Wesen, das es vorzieht, alleine für sich zu sein und seinem exklusiven Interessengebiet mit Besessenheit nachzugehen. Der Gegenstand seiner Leidenschaft entstammt dabei der Populärkultur. Anime und Manga gehören zu den Kernkompetenzen des Otaku, ebenso wie »Idole« (Teenie-SängerInnen aus der Maschine Musikindustrie), PC-Games, Modellbausätze, Military, Technik im Allgemeinen – und speziell der Computer.

Das Wort »Otaku« hat sich aus der japanischen Kultur in alle Ecken der Welt verbreitet. Dabei bedeutet es in der japanischen Alltagssprache nur ganz unpersönlich: »Haus«.

OT: Original Tongue oder auch OV – Original Version. Nerds lieben sie, und sie ist der Grund, warum sie Serien schon lange, bevor sie öffentlich und bekannt werden, kennen: die Originalsprache (egal welche Sprache). Besonders Englisch hat es den Nerds und Geeks angetan – denn Englisch ist immerhin Weltsprache.

So ist es kein Wunder, dass Serien wie *The Big Bang Theory*, *Game of Thrones* oder *How I Met Your Mother* in der Subkultur der Nerds schon lange vor ihrer Deutschlandpremiere angekommen und im festen Serien-Wochenprogramm der Ich-habs-zuerst-gesehen-Streber etabliert wurden. Der nächste Super-Coup der Nerds: die Abenteuer der jungen Carrie Bradshaw in *The Carrie Diaries* (denn auch Nerdines mochten *Sex and the City*), der *Dexter*-Nachfolger *The Following*, die Superhelden-Serie *Arrow*, die Scifi-Lovestory *The Selection* und *The Big Bang Theory* in weiblich: *Super Fun Night*. Ja, Nerds lieben Serien, sind meist Serienjunkies … und damit unglaublich glücklich.

Die meisten Nerds sind Ich-habs-zuerst-gesehen-Streber.

P WIE ...

Permadeath: Man lebt nur ein Mal – das soll jetzt auch für die geliebten Charaktere in Videogames gelten. Keine metzelnden, epischen Schlachten mehr oder Endbosse, die man erst nach dem gefühlt hundertfünfundsechzigsten Versuch erledigt hat. Die Figur hat nur ein Leben ... dann ist Schluss.

In Spielen wie *Realm of the Mad God* oder *One Single Life 2* kann man entscheiden, ob man lieber Spiele, die mit Speicherpunkten arbeiten, spielen möchte oder ob man immer und immer und immer und immer ... wieder von vorne anfangen möchte, bis die Euphorie des Ziels das eigene Hirn niederknüppelt – oder die Frustration siegt. Es soll Spieler gegeben haben, die vor lauter Frustration das Gamepad in der Hand zerquetscht haben.

Wenn es um Spiele, Hochleveln und Fortschritte geht, ist der Nerd beziehungsweise die Nerdine so humorlos wie eine Sauergurke.

Per Anhalter durch die Galaxis: »Der beste Drink, den es gibt, ist der pangalaktische Donnergurgler. Die Wirkung ist so, als werde einem mit einem riesigen Goldbarren, der in Zitronenscheiben gehüllt ist, das Gehirn aus dem Kopf gedroschen.«[33]

So fühlt man sich auch, wenn man die fünf Teile der vierbändigen Trilogie von Douglas Adams liest. Sie handelt von den Abenteuern des Durchschnittsengländers Arthur Dent und seinem außerirdischen Freund Ford Prefect, die knapp der Zerstörung der Erde durch die Vogonen entgehen, als diese den Planeten wegen einer galaktischen Hyperraum-Expressroute, gegen die niemand Einspruch erhoben hat, sprengen (alles sehr bürokratisch). Auf seiner Reise durchs All begegnet Arthur Zaphod Beeblebrox – Präsident der Galaxis – sowie der letzten Engländerin Tricia McMillan, Marvin, dem depressiven Roboter, und hyperintelligenten, pandimensionalen Lebewesen in Gestalt weißer Mäuse.

Jeder Nerd kennt *Per Anhalter durch die Galaxis* und liebt den tiefschwarzen, verdrehten Humor des Autors (anders kann man das Buch oder den Film auch nicht richtig genießen). Hier einige Dinge, die den Kultcharakter des Buchs gefördert haben:

- **42:** Antwort (nach einer Rechenzeit von 7,5 Millionen Jahren) des größten existierenden Computers Deep Thought auf die Frage »nach dem Leben, dem Universum und dem ganzen Rest«. Und die Lieblingsantwort von Nerds, wenn sie von etwas keine Ahnung haben.

- **Babelfisch:** Eine kleine Kreatur, die sich ins Ohr einführen lässt und die dem Träger das Verständnis aller gesprochenen Sprachen ermöglicht. Dabei sind die für den Träger verständlichen Worte eigentlich nur die Ausscheidungen des Fischchens in das Gehirn des Trägers.

- **Encyclopaedia Galactica:** Enzyklopädie, die das gesamte Wissen des Weltalls in sich vereint. Sie wurde von einer Galaxie-umspannenden Gesellschaft mit Trilliarden Lebewesen zusammengetragen und beinhaltet Tausende von Jahren Geschichte.

- **h2g2:** Eine englischsprachige Web-Gemeinde, die sich mit dem Aufbau eines Handbuchs über »das Leben, das Universum und den ganzen Rest« beschäftigt. Das ist der Moment, wo selbst Nerds leise »Nerds!« flüstern und den Kopf schütteln.

- **Gefahr-O-Sensitiv:** Brille, die sich be Gefahr automatisch verdunkelt, um ihrem Träger eine Gefahr gar nicht erst zu Augen kommen zu lassen. Ganz nach dem Motto »Wenn ich dich nicht sehe, kannst du mich auch nicht sehen.« Klappt in ungefähr 90 Prozent der Fälle ... nicht.

- **Handtuch:** Ein Handtuch ist das Nützlichste, was der interstellare Anhalter besitzen kann. Logisch, denn es hält warm, man kann sich damit abtrocknen, darunter schlafen, es sich vor das Gesicht binden, als Notsignal schwenken und sogar als Waffe benutzen (aber dann nur triefnass). Aus diesem Grund wird am 25. Mai auch – in Gedenken an Douglas Adams – der »Towel Day« (Handtuch-Tag) gefeiert.

Pi: Kleiner Kalauer gefällig? »Pi ist eine defekte Zahl in der Mathematik. Sie wurde angeblich von segelnden Räubern, den Pi_raten, erfunden.« – Nun, Pi wurde zwar nicht wirklich von Pi_raten erfunden – obwohl die Wortähnlichkeit erschreckend ähnlich ist –, aber es ist trotzdem eine »defekte« Zahl: Denn die sogenannte »Kreiszahl« ist eine irrationale Zahl und lässt sich nicht vollständig darstellen (unendlich und nicht periodisch). Natürlich ist (~3,14159) die heilige Zahl der Nerds – jede Generation versucht, sie immer genauer zu definieren (eine echte Rekordjagd). Aus diesem Grund löst eine Aussage wie »Pi ist genau 3!« (Professor Frink aus *Die Simpsons*) Schrecken und Bestürzung unter den Nerds aus.

Ploppfolie aka Luftpolsterfolie: Ob Nerd oder Nerdine, bei diesem Thema sind sich alle einig: Ploppfolie macht süchtig. Hat man sie ein Mal zwischen den Fingern platzen lassen, will man es immer wieder und immer öfter tun. Es gibt sogar Nerds, die sich in Luftpolsterfolie einwickeln und fröhlich lachend und quiekend auf dem Boden herumrollen, bis alle Luftpolster geplatzt sind. (Die Autorin weist jegliche Unterstellung, sie spreche aus eigener Erfahrung, von sich.)

Pragmatismus: Ihr Pragmatismus ist einer der Gründe, warum Nerds nie wie Models aus dem Modekatalog aussehen, sondern meistens wie aus dem Wald entlaufen: Alles, was am Nerd ist, muss für den Nerd praktisch sein. Ob Handy, Brille, Armbanduhr oder Kleidung – alles wird diesem einen Ziel untergeordnet. Der Style ist dabei (höchstens) zweitrangig. Deshalb tragen viele neumodische Nerds gerne Outdoor-Kleidung von Jack Wolfskin, Vaude oder The North Face. Ganz nach Großmutters Spruch: Es gibt kein falsches Wetter, nur schlechte Kleidung.

Das hier ist 'ne verdammt harte Galaxis. Wenn man hier überleben will, muss man immer wissen, wo sein Handtuch ist![34]

Q WIE ...

Quellcode: Für Menschen lesbare Programmiersprache (von Java, BASIC, C++ et cetera). An und für sich betrachtet kann der Quelltext für ein Programm auch als Software-Dokument bezeichnet werden. Für Nicht-Nerds sieht Quellcode wie eine wirre Ansammlung und Zusammensetzung von Wörtern, Zahlen und Zeichen aus. Für Nerds hingegen ist Quellcode vergleichbar mit Belletristik oder Hochliteratur – je nachdem wie hoch ihr Freak-Grad ist.

R WIE ...

RPG: Kurz für »Role Playing Game«. Oberbegriff für Pen-&-Paper-Rollenspiel, Live-Rollenspiel (LARP) und Computer-Rollenspiel. Besonders Nerds sind dieser Art von Spielen erlegen, bei der die Spieler in die Rolle fiktiver Figuren schlüpfen und dabei Abenteuer, aber auch alltägliche soziale Situationen in der Haut der Figuren durchleben. Der epische Moment ist dabei das Wichtigste. Der kleine Augenaufschlag einer Geschichte, diese ganz bestimmte Gänsehaut, wie man sie aus Filmen oder durch besondere Musikstücke kennt, das ist es, was einen RPG-Moment zu etwas Besonderem macht. Plötzlich fühlt man sich heroisch und zu allem bereit. Nur-Drei-Lebenspunkte-Nerds, Pappnasen und dauerkichernden Elfen wird man kaum erklären können, warum es sich lohnt, an so einer Stelle einfach mal die Fresse zu halten und andächtig in der Szene zu versinken.

> **Pen-&-Paper-Rollenspiel:** Diese Art Rollenspiele verwenden Regelwerke, die auf Würfeln basieren. Ein Spieler übernimmt die Rolle des Spielleiters (SL) und bestimmt damit nicht nur die Umgebung, die Reaktion der Umwelt auf Aktionen der Spieler, sondern schlüpft auch in die Rolle von Gegnern oder

Freunden. Der Spielleiter sorgt dafür, dass die Spielregeln eingehalten werden, und spielt – sozusagen – Gott. Dabei kann es auch einmal vorkommen, dass – wenn ein Charakter dem Spielleiter nicht zusagt – dieser in einer gigantischen Furzexplosion platzt und verschwindet (so geschehen 2012 mit dem Hexen-Charakter der Autorin). Die verbreitetsten Pen-&-Paper-Rollenspiele sind: *Das Schwarze Auge*, *Dungeons & Dragons* und *Midgard*.

Computer-Rollenspiel: Wird auch gern »Computer Role Playing Game« (CRPG) genannt und basiert ebenfalls auf Regelwerken – wie so ziemlich jedes Spiel. Die beliebtesten Varianten sind Rollenspiele über Voicechat, Chatrollenspiele, Forenrollenspiele und Rollenspiele via E-Mail, außerdem Multi User Dungeons (MUD) und Massively Multiplayer Online Role-Playing Games (MMORPG) – hier spielen Dutzende von Nutzern auf einem Server in einer virtuellen Welt. Wo man schon einmal von so einem Massenauflauf gehört hat? WoW wäre hier ein kleiner Hinweis.

LARP: Live Action Role Playing ist mittlerweile keine reine Nerd-Freizeitbeschäftigung mehr. LARP wird auch unter der normalen Bevölkerung immer beliebter. Wer trinkt nicht gerne Met und grölt mit dem Ork seines Vertrauens ein Trinklied? LARP ist ein Rollenspiel, bei dem die Spieler ihre Spielfigur verkörpern. Es handelt sich um eine Mischung aus Pen-&-Paper-Rollenspiel und Improvisationstheater. Die Szenarien der Liverollenspiele sind verschiedenen Genres zugeordnet wie etwa Fantasy, Vampire, Western, Science Fiction, Horror, Endzeit/Postapokalypse, Cyberpunk, Steampunk oder Furry. Auch LARPs, die auf einer bestimmten Romanreihe (Harry Potter als bekanntestes Beispiel) aufbauen, gibt es. Bei LARP gibt es nichts, was es nicht gibt!

S WIE ...

Sailor Moon: Was für den Nerd *Dragonball* ist, ist für die Nerdine *Sailor Moon*. Das tollpatschige Mädchen mit den magischen Kräften der Verwandlung und dem Guten im Herzen hat schon so manche Nerdine zum Schluchzen und Träumen gebracht. Seit 1992 verzaubert *Sailor Moon* die Herzen der Nerd-Mädchen und sorgt für Liebe und Gerechtigkeit auf den heimischen Fernsehern.

Wie schon *Dragonball* wurde *Sailor Moon* von Tōei animiert und in fünf Staffeln (*Sailor Moon*, *Sailor Moon R*, *Sailor Moon S*, *Sailor Moon SuperS* und *Sailor Moon Super Stars*) und 200 Folgen ausgestrahlt. Am 6. Juli 2012 wurde auf dem Sailor Moon 20th Anniversary Special Event in Tokio ein neuer *Sailor Moon*-Anime für Winter 2013/Frühjahr 2014 angekündigt. Die Moonie-Fans dürfen sich freuen!

Der besondere Nerd-Faktor der Serie: Amy Mizuno, alias Sailor Merkur. Bücherwurm, Strategin, Programmiererin und Wissenschaftskopf der Gruppe von Kriegermädchen. Amy ist der Nerd schlechthin: schüchtern, introvertiert und schlecht darin, soziale Kontakte zu knüpfen. Erst als sie Bunny (Sailor Moon) begegnet, wandelt sich das graue Mäuschen zu einer Nerd-Queen der Extraklasse, die auch mit dem Fuß auf den Boden stampft, wenn ihr etwas gegen den Strich geht – oder sich niemand für ihre Berechnungen am PC interessiert. Warum sie Ärztin werden will, kann so ziemlich keine Nerdine verstehen. Bei ihren Fähigkeiten wäre Amy die Hacker-Königin an jeder Universität.

Allgemein ist es übrigens auffallend an Animes beziehungsweise Mangas, dass Mädchen dort gern zu sexy Nerds gemacht werden. Bulma Brief aus *Dragonball* ist nicht nur Erfindertochter und Erbin der Capsule Cooperation, sondern auch hochintelligent und weiß außerdem, sich durchzusetzen – sie ist zwar keine Kämpferin, aber trotzdem ein wichtiges Mitglied der Z-Gruppe. In der Serie *Oh! My Goddess* – in der es hauptsächlich um Göttinnen und die Liebe zwischen einem Menschen und einer Göttin geht – sind Telefonzentrale und Datenbankverwaltung des Computersystems Yggdrasil hauptsächlich Göttinnensache, die sich wie echte PC-Freaks und Nerdines hinter die Bildschirme klemmen oder auch einmal den Sechskantschraubendreher ziehen müssen. Besonders die kleine Skuld, die nicht nur Erfindungen en masse produziert und Yggdrasil von allen Bugs sauber hält, ist hier zu erwähnen.

Offensichtlich finden Japaner weibliche Nerds äußerst attraktiv. Nerd-Mädchen sind somit auch eindeutig die besseren Mädchen!

Science-Fiction: Nichts (neben Fantasy) lieben Nerds und Geeks mehr als Science-Fiction (kurz Scifi oder SF), denn es verbindet zwei Werte, die Nerds besonders am Herzen liegen: Technik und abgefahrene Zukunftsvisionen. Der Begriff wurde erstmals 1926 von dem luxemburgisch-amerikanischen Schriftsteller Hugo Gernsback benutzt und grenzt sich besonders von Fantasy ab. Denn um Fantasy handelt es sich immer dann, wenn die gezeigten Phänomene keinerlei Bezug zu einer wissenschaftlichen Ableitung besitzen. Werden beide Genres gemischt, spricht man meist von »Science-Fiction/Fantasy«, »Scifi-Fantasy« oder »Science Fantasy«. Beispiele hierfür sind Star Wars (ja, Star Wars ist ein Märchen – ja, die Autorin ist Trekkie) oder die Darkover-Romane. Es gibt allerdings auch Überschneidungen mit anderen Genres, wie zum Beispiel mit Horror (Alien und Event Horizon), Space Opera (Flash Gordon und Buck Rogers), Military (Starship Troopers oder E. E. Smiths Skylark-Zyklus).

Das SF-Genre zeichnet sich durch eine starke Fangemeinde (Fandom) aus, in der sich auch viele SF-Autoren aktiv engagieren (was heißt: im Fandom kennt man sich untereinander). Wichtige deutsche SF-Magazine sind: *Nautilus – Abenteuer &*

Phantastik, phantastisch!, *Nova* und *Exodus*. Wichtige deutsche SF-Preise: Deutscher Science-Fiction-Preis, Kurd-Laßwitz-Preis und Phantastik-Preis der Stadt Wetzlar.

Der Nerd, der etwas auf sich hält, besucht zumindest einen Con im Jahr – wie die Autorin den Science Fiction Treff Darmstadt.

Abschließend noch eine kleine Liste der absoluten (Roman- und Film-) Lieblinge des Fandoms (nach professionell ausgewerteten Angaben der Nerd-Freunde der Autorin):

Romane:

- *Fahrenheit 451* von Ray Bradbury
- *1984* von George Orwell
- *I am Legend* von Richard Matheson
- *Brave New World* von Aldous Huxley
- *The Time Machine* von H. G. Wells
- *Hyperion* von Dan Simmons
- *Dune* von Frank Herbert
- *The Time Traveler's Wife* von Audrey Niffenegger
- *Die Haarteppichknüpfer* von Andreas Eschbach

Filme:

- *Blade Runner* (1982)
- *2001: A Space Odyssey* (1968)
- *Aliens* (1979)

- *Planet of the Apes* (1968)
- *E.T.* (1982)
- *Akira* (1988)
- *Total Recall* (1990)
- *Matrix* (1999)
- *Tron* (1982)
- *The Fifth Element* (1997)
- *WALL•E* (2008)
- *Minority Report* (2002)
- *Ghost in the Shell* (1995)
- *Fahrenheit 451* (1966)
- *Twelve Monkeys* (1995)
- *Stargate* (1994)
- *Dune* (2000)

Serien, die jeder Nerd kennen sollte: Man muss nicht alle seit Erfindung des Fernsehers kennen, aber zumindest von den geläufigsten Serien sollte ein echter Nerd und Nerd-Kenner gehört haben. Dazu gehören abgesehen von den in diesem Buch speziell gewürdigten Serien:

Buffy – Im Bann der Dämonen: Die Auserwählte (in jeder Generation gibt es nur eine!), die immer einen flotten Spruch auf den Lippen hat: Buffy. Gemeinsam mit ihren Freunden (vom Fandom liebevoll »Scooby Gang« genannt) kämpft Buffy gegen die dunklen Mächte – und gegen alle Probleme, die das Erwachsenwerden so mit sich bringt. Für den extra Nerd-Faktor sorgt die Supernerdine (und später Superhexe) Willow Rosenberg mit ihren flauschigen Wollpullovern und ihrer zuckersüßen Art, die Dinge in die Hand zu nehmen – natürlich mit so viel Logik, dass es Xander Harris und Buffy manchmal den Kopf zerreißt. Willow hätte eine super Wächterin abgegeben, by the way. Für Nerdines eine *der* Serien schlechthin – auch mit Felicia Day (zu sehen in Staffel 7 als Violet).

Fringe – Grenzfälle des FBI: Ein besonderes FBI-Team, das das Paranormale jagt. Wie *Akte X*, nur wissenschaftlicher. Denn sie *glauben* nicht an das Übernatürliche, sie *wissen*, dass es paranormale Phänomene gibt.

Eureka – Die geheime Stadt: An der Westküste der USA gibt es eine kleine Stadt namens Eureka. Harmonisch, wunderschön ... und bewohnt von den brillantesten Wissenschaftlern diesseits des Äquators. Das Ganze ist natürlich ein streng geheimes Projekt – in das ausgerechnet ein Sheriff (mitsamt seiner Teenie-Tochter, die gerade die schlimmste Phase ihrer Pubertät durchlebt) reinrutscht, der mit Wissenschaft so viel anfangen kann wie die klugen Köpfe vor Ort mit Monster-Truck-Shows. Nerds versammelt auf einem Fleck, inklusive einem – offensichtlichen – Normalo, der dort der Seltsame ist. Die Welt upside down. Oder vielleicht so, wie sie sich jeder Nerd wünscht? Der Vorzeige-Nerd in Eureka ist Fargo. Ausgestattet mit Pullunder, Hornbrille, einem schmächtigen Äußeren und einer nahezu unverständlichen Herangehensweise an Probleme (bei einem IQ von 163 kein Wunder), ist er zugleich die Tollpatschigkeit in Person – was ihn immer wieder ins Chaos stürzt.

Warehouse 13: Was dem einen sein *Eureka* ist, ist dem anderen sein *W13* (was dem einen seine Wissenschaft ist, sind dem anderen seine mystischen Artefakte). Mit der quirligen, intelligenten Haeckse Claudia Donovan gibt es zudem eine Nerdine, die jeder einfach lieben muss. Und wer genug von Claudia hat, wird sich an den Dialogen zwischen Myka und Pete erfreuen. Denn wo Myka ihre kalte Logik einsetzt, weiß Pete mit Emotionen zu punkten.

Andromeda: Science-Fiction für alle Fernsehjunkies, die mit *Hercules*, alias Kevin Sorbo, aufgewachsen sind! Captain Dylan Hunt (seines Zeichens Kommandant des Kriegsschiffs »Andromeda Ascendant«) steckte, dank eines schwarzen Lochs, etwa 300 Jahre in der Zeit fest. Eines Tages findet das Bergungsschiff »Eureka Maru«

Myka: »Listen, when Cody hit you, I think that I saw something.«
Pete: »All I saw were stars ... oh and little birds.«
Pete: »Throw in some deadly marbles and *Harry Potter* becomes *Full Metal Jacket*.«

die Andromeda und befreit das Schiff und seinen Captain aus dem Zeitloch. Nun muss Hunt erkennen, dass er nicht nur 300 Jahre im Dornröschenschlaf verbracht hat, sondern auch sein geliebtes Commonwealth untergegangen ist.

Für den Nerd-Touch sorgen hier nicht nur viel Technik, Weltraum und ein Raumschiff mit Avatar, sondern auch der Ingenieur Seamus Harper (mit einem IQ von 187). Er hat zwar ein schlechtes Immunsystem (was darauf zurückzuführen ist, dass er auf der Erde geboren und genetisch nie gepimpt worden ist), verfügt über einen Mangel an sozialer Kompetenz und kann nur ironische und sarkastische Kommentare von sich geben, ist allerdings auch der Einzige, der die »Andromeda« auf dem neuesten Stand der Technik hält. Harper ist ein Genie, ein göttlicher Hacker ... und einfach eine saucoole Sau (und das finden auch 76 von 419 Befragten). Die Serie basiert auf einer Idee von Gene Roddenberry. Mehr braucht man nicht zu wissen, um die sie für gut zu befinden.

Babylon 5: Eine Raumstation mit verschiedenen Alien-Rassen und einer menschlichen Zivilisation, die den Frieden wahren möchte. Zusammen kämpfen sie nicht nur gegen interne Konflikte, sondern auch gegen einen übermächtig erscheinenden Gegner: Die Schatten. Das Ganze wirkt wie ein Ableger von *Deep Space Nine* und ist deswegen ein rotes Tuch für eingefleischte *Star Trek*-Fans. Was die Serie nicht verdient hat, immerhin erhielt sie zwei Hugo Awards für die beste dramatische Serie im Bereich Science-Fiction und Fantasy.

Simpsons: Jeder kennt sie – und Stephen Hawking mag sie: die skurrilste Familie Amerikas, die Simpsons. Die von Matt Groening erschaffene Karikatur der amerikanischen Durchschnittsbürger hat im Nerdtum viele Freunde und Anhänger – nicht zuletzt dank der überintelligenten Lisa, dem Comic Guy, Professor John Frink und den Mitgliedern der Streberclique rund um Martin Prince und Database. In Die Simpsons (und Futurama) bekommen Nerds einen besonderen Stellenwert zugeschrieben. Ihr Nerdismus wird auf die Spitze getrieben – in einer Folge wird sogar der Versuch gemacht, wissenschaftlich zu erklären, warum Rowdys Nerds verhauen »müssen«. Vom freakigen Wissenschaftsnerd bis zum Comics verschlingenden Fettnerd sind alle Facetten abgedeckt. Die Simpsons ziehen Nerds magisch an – ob sie es wollen oder nicht.

South by Southwest (SXSW): Das SXSW ist nicht nur ein Musikfestival, sondern seit 1994 auch der Treffpunkt in Austin/Texas für alle Nutzer interaktiver Medien (sprich: Geeks). South by Southwest war außerdem das Vorbild für die Berlin Independence Days und die Popkomm-Musikmesse. 2007 präsentierte sich Twitter in seiner zarten Anfangsphase auf dem Festival, und es wurde mehr und mehr zu einer Technikmesse. Inzwischen ist SXSW eine der wichtigsten Trend-Messen der Welt, auf der allerdings nicht nur Technik präsentiert wird, sondern auch alles (Serien, Memes, Filme, Aktionen von Aktivisten), was einem Nerd während des Jahres nahegegangen und ans Herz gewachsen ist.

2013 wurde auf der Messe unter anderem Ouya, die Fingersteuerung für den PC (*Minority Report* und fuchtelnde Hände lassen grüßen), alltagstaugliche Drohnen (Überwachung auf Schritt und Tritt), 3D-Drucker für daheim (bald für weniger als 6.000 Euro zu haben) und der erste Google-Turnschuh (der pöbelt, wenn man zu langsam läuft) vorgestellt. Außerdem dürften auch die »Google-Glasses« (eine Brille, die ihrem Träger nicht nur Informationen über die Umgebung, überlagert mit Wissen aus dem Internet, anzeigt, sondern auch Videos davon aufnehmen kann, und das Ganze per Sprachsteuerung) für ziemlich viel Aufregung sorgen. Leider lässt sich keinem der Teilnehmer entlocken, was

2014 das Trendthema auf dem SXSW sein wird. Wir dürfen also gespannt warten.

Soziale Kompetenz: Beim Kontakt mit Nerds ist zu beachten, dass sie soziale (auch: Soft-) Skills nicht mit der Muttermilch aufgesogen haben. Neben ihren diversen Ticks zeichnen sie sich meist durch einen gewissen Mangel an Sarkasmus und Ironie aus und werden bei einer Ansammlung von über 20 Menschen panisch (LAN-Partys bilden hier eine Ausnahme, da bei LANs keine größeren Interaktionen mit dem jeweils anderen Individuum gefordert werden). Deswegen ist darauf zu achten, dass der gemeine Nerd mit sozialen Samthandschuhen angefasst wird. Von Menschenmassen und dem übermäßigen Gebrauch von Sarkasmus oder Ironie ist abzuraten. In kleinen Dosen kann der Nerd jedoch an die Verwendung dieser rhetorischen Stilmittel gewöhnt werden.

Beachtet man diese paar Kleinigkeiten, wird sich der Nerd schnell eingewöhnen.

Spielkonsole: Seit die jungen Gaming-Nerds denken können, gibt es Spielkonsolen, dank derer sie einer ihrer Lieblingsbeschäftigungen frönen können. Und die älteren können sich bestimmt noch an die ersten Konsole-Generationen[35] erinnern:

1. Generation (1972 bis 1979; festverdrahtet, kein Prozessor; Magnavox Odyssey, *Pong*-Konsole von Atari, Coleco Telstar; bekanntestes Spiel dieser Generation: *Pong*)

2. Generation (1976 bis 1983; 8-Bit-Ära; Philips G7000, Color TV-Game 6 von Nintendo, Atari 5200; bekanntestes Spiel: *Frogger*);

Konsolen, auf denen man nicht nur spielen, sondern auch programmieren konnte (mit gefühlt einer Million Zeilen eine Rakete starten lassen – und Gott behüte, der Programmierer machte Fehler in der Syntax, denn ein Debugging-Programm gab es damals noch nicht wirklich)

3. Generation (ab 1985, 8-Bit-Ära, und später wie Nintendo Entertainment System oder Sega Master System; bekanntestes Spiel: *Mario Bros.*)

4. Generation (Ende 1980er bis Anfang 1990er, 16-Bit-Ära, CD-i von Philips, Sega Mega Drive, CDTV; bekanntestes Spiel: *Sonic the Hedgehog*)

5. Generation (Mitte bis Ende 1990er; 32 bis 64 Bit; Nintendo 64, PlayStation von Sony, Jaguar 2 von Atari, CD^{32} von Commodore International; bekanntestes Spiel: *Banjo-Kazooie*)

6. Generation (Ende 1990er bis Mitte 2000er; Dreamcast von Sega, PlayStation 2 von Sony, GameCube von Nintendo, Xbox von Microsoft; bekanntestes Spiel: *Halo: Combat Evolved*)

7. Generation (ab 2005; Xbox 360 von Microsoft, Wii von Nintendo, PlayStation 3 von Sony; bekanntestes Spiel: *Call of Duty: Black Ops*)

Und heute? In die 8. Generation von Spielkonsolen startet Nintendo mit der Wii U, Sony mit der PlayStation 4, Microsoft mit der Xbox One (mit Kinect 2.0, Blu-Ray-Laufwerk, acht Kernen für den Hauptprozessor, acht Gigabyte RAM, TV-Eingang und -Ausgang, anpassbarem Controller und einer Augmented-Reality-Brille ausgestattet). Hervorzuheben ist aktuell Ouya: Basierend auf einem

Android-Betriebssystem wurde sie im Gegensatz zu herkömmlichen Konsolen über eine Crowdfunding-Webseite finanziert. Crowdfunding ist nicht länger nur etwas für Privatpersonen und kleine Projekte, sondern schon so populär, dass man ganze Spielekonsolen damit finanzieren kann. Crowdfunding ist das neue Big Thing! Bei den Games jedoch scheiden sich selbst bei den Nerds die Geister (außer es geht um Kultspiele wie *Super Mario Bros.*, *The Legend of Zelda* oder *Monkey Island*, oder das Spiel handelt von *Der Herr der Ringe* und beziehungsweise oder ist ein RPG à la *Skyrim* und *Diablo*).

Stargate: Es gibt Gründe, warum auf den Kinofilm (1994) eine Serie – *Stargate – Kommando SG-1* (214 Episoden in 10 Staffeln) – und auf diese wiederum drei Ableger (*Stargate Atlantis*, *Stargate Universe* und die Zeichentrickserie *Stargate Infinity*) folgten.

Die Szene liebt die Idee hinter *Stargate* – durch ein Sternentor zu fremden Planeten reisen, jenseits unseres Sternensystems, und dabei Abenteuer erleben, fremde Welten erforschen und neue Kulturen kennenlernen ... Bei diesen Reisen treffen die Teams von Soldaten und Wissenschaftlern auf allerlei hochtechnisierte Völker und »Rassen«, zum Beispiel die ...

... **Antiker** (die Erbauer der Stargates)

... **Ori** (sie halten sich selbst für Götter, erobern andere Völker und Planeten, um sie zu »ihrem Glauben« zu bekehren, und nähren sich von deren Frömmigkeit)

... **Asgard** (die typischen kleinen grauen Männchen mit hochentwickelten Raumschiffen)

... **Nox** (pflanzenliebende, hochtechnisierte Kriegsgegner, deren Heilungsfähigkeiten an Magie erinnern – wie alles, was die Nox betrifft)

... **Goa'uld** (wurmförmige Parasiten, die sich an den Hirnstamm ihres Wirts klammern und die vollständige Kontrolle über dessen Körper übernehmen – sie wollen die alleinige Herrschaft über das Universum und verstehen sich selbst als Götter wie aus dem alten Ägypten)

... **Replikatoren** (aggressive Maschinenwesen, die wie Heuschrecken auf Planeten einfallen und alles, was dort kreucht und fleucht, in Replikatorenteile umwandeln)

Stoff, der nur aus Hollywood stammen kann. Oder? Man könnte es fast vermuten, gäbe es nicht die deutsche (!) Science-Fiction-Romanserie *Star Gate – das Original*, welche schon 1986 (also lange vor dem Film *Stargate*) von den Autoren W. K. Giesa, Wilfried A. Hary, Uwe Anton und Frank Rehfeld entwickelt worden ist – und in der Menschen durch Sternentore (hier wurde das Tor auf der Erde allerdings von Menschen konstruiert) gehen, auf fremden Planeten landen und dort Abenteuer erleben. Wie Wilfried A. Hary der Autorin mitteilte, konnten die Autoren von *Star Gate – das Original* allerdings nichts gegen die Übermacht aus Hollywood ausrichten. Wer das Original lesen möchte, findet die Reihe hier: *www.hary.li/sgliste001.htm*[36].

Star Trek: »Der Weltraum, unendliche Weiten.« – Wer kennt dieses Intro nicht? Generationen von Nerds wurden von Kirk, Picard und Co. geprägt, sind mit Mr. Spock, Mr. Data, Vulkaniern und Borg-Drohnen aufgewachsen. *Star Trek* ist nicht nur in ihrem Herzen, sondern in ihrem ganzen Selbst. Sogar Sheldon aus *The Big Bang Theory* verehrt Mr. Spock. Hier ein paar Facts (sponsored by *moviepilot*) zum Phänomen *Star Trek*, mit denen man vor Trekkie-Nerds brillieren kann:

★ In der ersten Pilotfolgen-Idee sollte eine Frau der Captain sein (nicht Kirk) – das wurde von der Produktionsfirma allerdings abgewehrt, da es nicht zum damaligen Zeitgeist passte.

★ Die erste Crew wurde gemixt (war also nicht rein amerikanisch besetzt), weil Roddenberry eine utopische Zukunft zeigen wollte, quasi als antirassistischen Gegenentwurf.

★ Der Kuss zwischen Kirk und Uhura 1968 war der erste Kuss zwischen einer Schwarzen und einem Weißen im US-Fernsehen – im gleichen Jahr wurde Martin Luther King ermordet.

★ Die überwältigende Mehrheit (nämlich 73 Prozent) der Offiziere, die in *Star Trek* starben, trug rote Shirts (nur zehn Prozent trugen gelbe und acht Prozent blaue).

★ Die Bedeutung der Farben auf den Uniformen in der Originalserie: Gelb: Command Operation , Rot: Operations Command, Blau: Wissenschaftler

★ Roddenberrys Ehefrau Majel war in jeder *Star Trek*-Folge zu sehen – also in insgesamt 726 TV-Episoden und elf Filmen (*Star Trek Into Darkness* wurde erst nach ihrem Tod gedreht).

★ Der berühmte Vulkan-Gruß wurde von Leonard Nimoy (Mr. Spock) erfunden – und er musste anfangs immer seine Finger zusammenkleben, um ihn ausführen zu können.

★ Mittlerweile kann man die Sprachen Vulkanisch, Romulanisch und Klingonisch auf Uni-Niveau studieren (Xenolinguistics).

★ *Star Trek*-Fans nennen sich selbst Trekkies. Der Begriff »Trekkie« ist in das *Oxford English Dictionary* eingetragen, was bisher noch keiner anderen Fangruppe gelang.

★ 2006 verkaufte William Shatner (Captain Kirk) seinen Nierenstein für 25.000 Dollar.

★ Die Effektfirma von George Lucas wirkte an sieben *Star Trek*-Filmen mit – auch am *Star Trek*-Film von 2009 (dem »Most Pirated Movie of the Year« 2009).

Spiegelbild der Nerds und Idol in einem. Das ist *Star Trek*. Es ist keine bloße Serie, sondern ein Lebensgefühl – und das seit 1966.

Star Wars: Laserschwerter, Jedi, Yoda, Die Macht und der ewige Konkurrenzkampf mit Star Trek. Denn: Wo sich Star Trek an seinem Technik-Schnickschnack aufgeilt, macht Star Wars einfach Party. Chewbacca röhrt, R2-D2 piept, und beide verstehen sich ohne Übersetzer und Serverfarm. Geile Sache! Und auch hier ein paar Fakten (auch hier sponsored by moviepilot), mit denen man bei Star Wars-Nerds punkten kann:

★ Im ursprünglichen Skript von *Star Wars* sollte der Todesstern von Wookiee-Sklaven gebaut werden.

★ Die Rolle von Han Solo sollte eigentlich Jeff Goldblum spielen.

★ Jar Jar Binks sollte ursprünglich ein doppelzüngiger Söldner werden, der Qui-Gon Jinn betrügt.

★ Der Charakter von Yoda basiert (angeblich) auf dem Dalai Lama.

★ Seit der Erstveröffentlichung 1977 gab es insgesamt 20 Neubearbeitungen der Filme mit nahezu 200 Veränderungen.

★ Nachdem *Star Wars* ein Kinohit wurde, versprach George Lucas der Produktionsfirma, weitere Charaktere zu entwerfen, die man gut vermarkten konnte: Die Ewoks entstanden.

★ Drei verschiedene Schauspieler stellten zusammen den Charakter Darth Vader dar: David Prowse (Körper), James Earl Jones (Stimme) und Sebastian Shaw (Gesicht).

★ Seit 2012 ist *Star Wars* offiziell ein Disney-Produkt, und Prinzessin Padmé Amidala sowie ihre Tochter Leia sind auf gleicher Stufe wie Arielle, Schneewittchen, Mulan oder Tiana (aus Disneys *Küss den Frosch*).

★ In *Star Wars: Episode VII* soll nicht nur Harrison Ford in seine alte Rolle des Han Solo schlüpfen, auch Mark Hamill und Carrie Fisher seien als Luke Skywalker und Prinzessin Leia wieder mit von der Partie, heißt es.

★ Laut Gerücht werden in Episode VII, VIII und IX Prinzessin Leia und Luke Skywalker wesentlich älter sein, jedoch nicht im Mittelpunkt stehen. Stattdessen seien es ihre Kinder, die die Hauptrollen in den Episoden einnehmen werden.

★ Niemand mag Jar Jar Binks.

Aber wer denn nun bei einem Kampf zwischen Sternenzerstörer und USS Enterprise NCC-1701-J als Sieger hervorgehen würde, das steht in den weit entfernten Sternen.

Stephen Hawking: Ein echter Wissenschafts-Popstar und ein großes Idol der Nerds und Geeks! Geboren 1942, wurde Hawking in den 1960er-Jahren für den Beweis der Existenz von Singularitäten in der Relativitätstheorie berühmt – wofür er allerdings nie den Nobelpreis erhielt. Hawking hat – wie schon Newton vor ihm – einen besonderen Lehrstuhl für Mathematik an der Universität Cambridge inne. 1963 wurde bei Hawking ALS (Amyotrophe Lateralsklerose –Muskelschwäche und Lähmung des gesamten Körpers) diagnostiziert, was einer Todesprophezeihung gleichkommt. Aus diesem Grund ist er seit 1968 auf einen Rollstuhl angewiesen. Durch einen Luftröhrenschnitt 1985 (er war auf dem Weg zum CERN) verlor er die Fähigkeit zu sprechen und ist seitdem auf einen Sprachcomputer angewiesen.

1988 erschien mit *Eine kurze Geschichte der Zeit* das erste populärwissenschaftliche Buch Hawkings (mit seiner Tochter verfasst), in dem er die Theorien zur Entstehung des Universums bis hin zu schwarzen Löchern darstellt. Hawking beweist in den Büchern, dass er nicht nur für die Wissenschaft eine Leidenschaft hegt, sondern auch für Terry Pratchett, denn man findet viele Anspielungen auf die Scheibenwelt in Hawkings Werk – wie die

Elefanten, die auf einer Schildkröte stehen, welche durch den Weltraum fliegt.

Hawking ist ein Star der Wissenschaft und mit Auftritten in *Die Simpsons*, *Futurama*, *Cosmo und Wanda*, *Dilbert* und *The Big Bang Theory* populärer als jeder andere Wissenschaftler. In *Raumschiff Enterprise: Das nächste Jahrhundert* wirkte Hawking auch mit. Er stellte sich selbst dar, wobei er in einer Holodecksimulation zusammen mit Data, Isaac Newton und Albert Einstein Poker spielt – und gewinnt.

Superhelden: Ob fantastische Kräfte oder einfach nur enorme Intelligenz; was alle Superhelden gemeinsam haben, ist ihr Nerdismus. Denn alle Superhelden sind auf ihre eigene Art und Weise Nerds beziehungsweise Freaks: Spider-Man (Peter Parker), Superman (Clark Kent), Batman (Bruce Wayne), Iron Man (Tony Stark), Hulk (Dr. Bruce Banner), The Flash (Jay Garrick), Hellboy, Spawn, Green Lantern, Wolverine ... Was allerdings nicht heißt, dass im Gegenzug hinter jedem Nerd auch ein Superheld steckt.

Nerds, die keine naturgegebenen Superkräfte besitzen, favorisieren Superhelden, die »auf dem Boden geblieben« sind, also durch High-Tech die Welt wieder in Ordnung bringen. Die liebsten Helden der Nerds wurden durch fortschrittliche Technologie (Batman, Iron Man) oder einen biologischen (Spider-Man), physikalischen (Hulk), oder chemischen (The Flash) Unfall zum Helden. Doch nicht nur das Superheld-Sein und der Kampf gegen das Böse sind wichtig für einen Helden, sondern auch Zusammenschlüsse zwischen Helden wie bei den X-Men, Gen[13], den Fantastic Four, der Justice League of America oder den Avengers.

Die größten Verlage von Superhelden-Comics sind Marvel und DC – die wohl auch mit der Folienindustrie zusammenarbeiten (denn Nerds schweißen ihre Comichefte bekanntlich liebevoll in Folien ein, um sie für die Nachwelt zu bewahren). Seit geraumer

Zeit starten immer mehr Superheldenfilme in den Kinos und verbuchen schier fantastische Einnahmen. Superhelden wie Iron Man, Thor oder Captain America werden immer populärer – oder die Welt einfach nerdiger.

Support: Oder genauer: *technischer* Support. In diesem Fall ist damit der Nerd des Vertrauens gemeint, der mit seinen freakigen Fachkenntnissen nicht nur den Schleudergang der Waschmaschine pimpen kann, sondern auch hilft, wenn ein Virus das PC-Lieblingsschätzchen infiziert hat. Dieser private Support ist für jeden normalen User äußerst wichtig. Oder auch: Jeder Normalo braucht einen Nerd (den er im Gegenzug auch artgerecht pflegen muss)! Sonst mutiert der Nerd zum *IT Crowd*-Klischee und wird auf dumme Fragen nur noch mit »Steckt der Stecker auch?« oder »Hast du ihn schon aus- und wieder eingeschaltet?« antworten. Und das will keiner … auch der Nerd nicht.

T WIE ...

Techie: Der Techie (Tech-Nerd) ist der bekannteste Nerd und schließt 87 Prozent der Nerds ein (meist männliche Computer-Enthusiasten). Man könnte sie auch einfach Nerds nennen, jedoch klingt »Techie« weniger freakig als Nerd – und nicht so sehr nach Spinner. Aus diesem Grund nennen sich einige Nerds Techie – der Niedlichkeit und Sozialverträglichkeit halber.

Terry Pratchett: Der englische Autor und Schöpfer der Scheibenwelt-Romane hat ein ausgeprägtes Interesse an Orang-Utans und ist nicht nur für seinen schrägen britischen Humor bekannt, sondern auch für die skurrilen Szenen und Dialoge, die man in seinen Romanen nachlesen kann. Schon die Scheibenwelt an sich ist kurios: Eine Scheibe wird auf dem Rücken vier gigantischer Elefanten getragen, die wiederum auf dem Rücken der riesigen Schildkröte Groß A'Tuin stehen. Die Schildkröte rudert seit Anbeginn der Welt durch das Weltall.

Was Terry Pratchetts Romane auszeichnet, ist die außergewöhnliche Kombination von klassischen Fantasy- beziehungsweise Science-Fiction-Motiven und Themen des alltäglichen Lebens – vom Film über die Glaubwürdigkeit der Presse, Religion, bis hin zur Wissenschaft –, aus der eine einmalige Parodie entsteht. Auch für seine kreativen und zahlreichen Fußnoten ist er weltweit bekannt. Aus diesen und noch vielen weiteren

Gründen ist Terry Pratchett einer der bedeutendsten Autoren des Nerdismus.

Tolkien: John Ronald Reuel Tolkien ist der Autor der erfolgreichsten Fantasyromane des 20. Jahrhunderts und der Godfather of High Fantasy. Allein aus diesem Grund verehren ihn alle Nerds – weltweit. Seine berühmtesten Werke sind Der kleine Hobbit und Der Herr der Ringe, die beide jeweils vom Regisseur, Drehbuchautor und Produzenten Peter Jackson (der selbst großer Fan von Tolkien ist) verfilmt wurden. Ob Elben, Orks, Hobbits oder Ents, sie alle stammen aus der Feder Tolkiens, und kein Leser oder Schriftsteller wird bestreiten können, dass Tolkien damit nachhaltig die Welt der High Fantasy verändert und geprägt hat.

Top Five der fantastischsten Urlaubsorte:

Wellnesstempel Mittelerde: Kommt man in Mittelerde an, hat man die Wahl zwischen dem Reich der Menschen, in dem Ponyhotels und Trinkrunden an der Tagesordnung sind, den hautschonenden Minen der Zwerge, die mit unzerstörbaren Glitzersteinen und Schlammwellnesspackungen für die Gesundheit sorgen, und dem heißesten Ort Mittelerdes: Mordor, wo neun schwarz gekleidete Gentlemen die Damen auf eleganten Reitdrachen entführen. Ganz vorne dabei ist jedoch auch das 5-Ringe-Etablissement von Elrond und seinem Team aus hoch- und langqualifizierten Fachkräften. Hier kann sich der Urlauber im Ambiente zwitschernder Vögel und in der Ferne plätschernder Wasserfälle an Lembas laben.

Das Schloss der Abenteuer: Hogwarts Castle spricht nicht nur alle Liebhaber mittelalterlicher Burgen an, sondern auch jene Urlauber, die immer noch auf ihre Einladung warten (die dank der zuverlässigen Boten wohl in der Eulenpost verloren gegangen sind). Die Größe, die vielen Geheimgänge, magischen Geheimnisse und unberechenbaren Waldbewohner sorgen für einen Abenteuerspielplatz der besonderen Art.

Galaktische Rundreise mit Gute-Laune-Garantie: Wer weiß, warum die Antwort 42 ist und wieso man immer ein Handtuch bei sich tragen sollte, wird sich auf der Rundreise mit Zaphod Beeblebrox köstlich amüsieren. Gequetscht, gestaucht und völlig entstellt erfährt man dank des Unendlichen Unwahrscheinlichkeitsantriebs, wie man als Couchgarnitur oder Toaster aussehen würde. Wem dies noch nicht genug ist, dem kann ein Babelfisch ins Ohr gesetzt werden, während ein Vogone die schönste Poesie von sich gibt … und Marvin berechnet, wann einem das Hirn explodiert.

Den Alltag vergessen im Wunderland: Überlebt man den Sturz ins Kaninchenloch, erlebt man einen abgefahrenen Trip, der seinesgleichen sucht. Einfach bei einer Teeparty mit dem durchgeknallten Märzhasen, dem Hutmacher, der Grinsekatze und der Haselmaus entspannen. Aber Vorsicht vor der cholerischen Herzkönigin, die nach einer Runde Flamingo-Krocket schnell mal alle Mitspieler kopflos zurücklässt.

Kulinarische Reise durch Candy Mountain: Ein Urlaubsziel für wahre Genießer und Freunde der Lebensmittelkunst! Wer nach diesem Besuch keinen Diabetes und mindestens sieben Kilo Übergewicht hat, sollte seine Essgewohnheiten überdenken. Vorbei an Quellen aus purer Schokolade führt die abenteuerliche Reise durch das Land des Willy Wonka, in dem tüchtige Oompa Loompas für ein paar Kakaobohnen den Laden in Schuss halten. Und wer genug von Schokoladenbrunnen und Bonbons hat, der kann sich beim stündlichen Musical der Loompas entspannen – oder sogar eine heiße Sohle aufs Parkett legen.

Top Eight der begehrenswertesten Dinge:

Ein möglichst echtes Lichtschwert (die futuristische Eleganz, das tödliche Glühen und der hypnotische Summton – kein Nerd kann da widerstehen)

Ein Super Gaming Computer (Sätze wie »Mist, ich musste den Detailgrad und die Auflösung runterdrehen, um den Shooter flüssig zocken zu können« würden endlich der Vergangenheit angehören)

Ein Einhorn streicheln (jedes Nerd-Mädchen wäre sein Leben lang glücklich, nur ein einziges Mal im Leben ein Einhorn streicheln zu dürfen)

Die Welt vom Weltraum aus betrachten

Einen Parabelflug machen (wenn man schon nicht in den Weltraum kann, dann wenigstens ein Mal ohne Erdanziehung sein – ab 5.000 Euro ist es möglich!)

Eine echte Freundin (gilt hier nur und ausschließlich für Nerds)

Die USS-Enterprise-Brücke nachbauen (die nerdige Alternative zu Noahs Arche, ein echter Hingucker im Vorgarten – und von einigen Menschen, wie dem Direktor der NSA, schon verwirklicht)

Den Todesstern nachbauen (nicht ohne Grund unterschrieben Tausende von US-Bürgern eine Petition für den Bau eines solchen Sterns)

Top Eight der nerdigsten Seriennerds:

8. Platz: Adrian Monk und Murray Bozinsky – Adrian Monk aus der gleichnamigen Serie *Monk* ist ein Nerd, der nicht nur über einen brillanten Verstand verfügt, sondern auch ein Phobien- und Zwangsneurosen-Sammler ist. Er hasst Massenansammlungen und kann allgemein wenig mit anderen Menschen anfangen. Kein Wunder, dass sein Darsteller Tony Shalhoub selbst langsam Phobien entwickelt – wie die Angst vor Keimen. So ein Nerd färbt eben nach geraumer Zeit ab.

Murray Bozinsky aus *Trio mit vier Fäusten* ist ein unsportlicher, verschrobener Computer-Freak und so etwas wie der Ur-Hardcore-Nerd. Mit seinem Topfhaarschnitt, der riesigen Hornbrille, dem Hosenbund bis unter die Achseln und dem Sakko aus Cord ist er kleidungstechnisch der Großvater von Steve Urkel.

7. Platz: Die einsamen Schützen – Die einsamen Schützen sind für *Akte X*-Fans keine Unbekannten. FBI-Agent Mulder suchte in *Akte X* immer wieder Rat bei den drei exzentrischen Verschwörungstheoretikern und Computerfreaks. Niemand verkörpert die Extravaganz und Besessenheit der Nerds so gut wie diese drei.

6. Platz: Sherlock Holmes – Jemand, der ein Buch über 140 verschiedene Sorten von Zigarrenasche geschrieben hat, verdient diesen Titel zweifellos. Was seine soziale Verträglichkeit (Höflichkeit) angeht, hat Sherlock einfach nicht gut genug in der Schule aufgepasst ... oder sich bei seinem Bruder Mycroft eine Scheibe abgeschnitten. Wobei man Benedict Cumberbatch – die moderne Inkarnation des Meisterdetektivs – nicht nur die Genialität abnimmt, sondern auch den verschrobenen Verstand. Denn diesen muss man besitzen, wenn man Tausende von Schritte vorausdenkt.

5. Platz: Willow Rosenberg – Superhexe und Informatik-Geek Willow aus der Serie *Buffy – Im Bann der Dämonen* wird ihrem Ruf mehr als gerecht. Bis sie Teil der Scooby Gang wird, ist Willow ein waschechter Außenseiter. Von ihren Mitschülern wird die Intelligenzbestie und Computer-Nerdine verspottet und ausgegrenzt. Erst mithilfe ihrer neuen Freunde kann die Streberin ihr wahres Talent unter Beweis stellen: bei Problemen und Angriffen von fiesen Vampiren stets die richtige Antwort zu wissen.

4. Platz: Daria Morgendorffer und Hermine Granger – Daria, das übermäßig intelligente und zynische Teenager-Mädchen aus der gleichnamigen Zeichentrickserie, das alles und jeden kommentiert, hat einen dauer-desinteressierten Gesichtsausdruck und eine Nerd-Brille, auf die sie stolz ist. Selbst ihre Schwester leugnet ihre Verwandtschaft zum »Freak« der Familie. Mehr Nerd kann Frau kaum sein.

Oder doch? Hermine Granger ist zwar kein sozialer Vollpfosten, jedoch ist ihre strubbelige Frisur und ihre fast schon krankhafte Strebsamkeit legendär. Ihr erster Weg führt Hermine in die Bibliothek, und schon vor Schulbeginn kann sie den Inhalt der Schulbücher auswendig. Ein Oldschool-Geek-Girl.

3. Platz: Maurice Moss – Mit seinem Seitenscheitel-Afro, den karierten Hemden und Hochwasserhosen sieht Maurice aus wie der moderne Steve Urkel. Mit seinem Fachwissen und dem mechanischen Gebaren ist das IT-Genie von Reynholm Industries ein Nerd, wie er im Lehrbuch steht.

2. Platz: Der Doktor – Der Ur-Nerd stammt vom Planeten Gallifrey und darf als einer der wenigen Nerds gelten, die auch das Herz vieler Frauen im Sturm erobert haben. Mit seinem Ultraschallschraubenzieher bewaffnet, reist der Doktor in *Doctor Who* mit seiner TARDIS durch Zeit und Raum und verändert die Geschichte, wo er nur kann ... darf ... und nicht sollte. Sein Wissensdurst ist dabei schier unendlich (obwohl er schon Hunderte von Jahren alt ist – genau genommen 900 Jahre) und sein Tatendrang unerschöpflich. Während er an Knöpfen der TARDIS dreht und Planeten umrundet, brabbelt er von Cybermen, Daleks, Zeitverschiebungen und fixen Punkten (Nerd-Mist halt), dass es eine wahre Freude ist.

1. Platz: Sheldon Cooper – Der Theoretische Physiker aus *The Big Bang Theory*, dem jedwede soziale Fähigkeit fehlt. Er weiß alles besser und kennt die Antworten auf *alle* wichtigen Fragen des Universums (und denkt sogar kurzweilig, er hätte den magnetischen Monopol entdeckt). Körperlich und emotional ist Sheldon Cooper die Verkörperung des hochentwickelten Nerds, der sein letztes Hemd für die Erstausgabe von *Captain America* geben würde – und 30 Minuten darüber referieren könnte, warum *Star Trek Into Darkness* der schlechteste *Star Trek*-Film seit *Am Rande des Universums* ist (Beispiel: Kirk nach dem Tod von Pike: »Die Sternenflotte kann Khan nicht verfolgen ... aber ich kann es.« Warum? Ist die Enterprise kein Sternenflottenschiff und Kirk kein Sternenflottenoffizier?) Ja, die Nerds lieben Sheldon den Eroberer. Und das zu Recht.

U WIE ...

Uni-Nerds: Bevor der Noob-Nerd zu einem echten Nerd werden kann, muss er die nerdige Ausbildung durchlaufen. Und da die Nerds der MINT-Ausbildungsberufe es geschafft haben, sich so weit anzupassen, dass sie niemandem mehr großartig auffallen, bleibt es den Universitäten vorbehalten, die Nerds der Extraklasse zu formen. Hier eine kleine Typologie:

- 💡 Ganz oben steht natürlich der **Informatik-Nerd,** denn es kann jeder von uns herunterbeten: blasse, dickliche, schwächliche Jungs, die bereits auf dem ersten Ultraschallbild eine Hornbrille tragen. Im Studium kommen dann Haltungsschäden, Pickel und der völlige Verlust jedweder Form von sozialer Kompetenz dazu. Informatiker sind die Gollums des Uni-Alltags.

- 💡 Der **Elektrotechniker** ist der Nerd, dem auch die Informatiker vertrauen (zumindest ein bisschen). Erklärter Held der Elektrotechniker und Media-Markt-Homeservice-Berater ist MacGyver, weil er nicht nur sämtliche Probleme mit ein paar Kabeln lösen kann, sondern gezeigt hat, dass man als Träger eines Schweizer Taschenmessers ein saucooler Hund ist.

> 💡 Nicht zu Unrecht gibt es den Spruch: Karohemd und Samenstau? Der studiert **Maschinenbau**! Dabei hat der MaschBauer so etwas nicht verdient – obwohl jeder Elektrotechniker weiß, dass selbst ein schlechter Elektrotechniker immer noch besser ist als der beste Maschbauer (das zeugt von wahrer Liebe unter den Ingenieursstudienfächern!). Der Maschinenbaustudent ist der letzte »echte« Student auf dem Campus: mit Karohemd, Günther-Jauch-Frisur und Pullunder. Ein Original, für den die Zeit stehen geblieben zu sein scheint. Sein Leben könnte so schön sein, wenn da nicht ein Haken wäre: Zwei Prozent Frauenanteil im Fachbereich – das lässt das Maschinenbaustudium zu einer eher wenig romantischen Veranstaltung werden.

Wer allerdings denkt, dass es sich an dieser Stelle schon mit den Streitereien zwischen den Nerds erledigt hat, der ist (leider) falsch gewickelt. Denn nicht nur zwischen den verschiedenen Fächern gibt es Querelen, sondern auch zwischen Universität und Fachhochschule. Die Autorin muss es wissen, sie lebte als FHlerin immerhin mit drei Elektrotechnik-Nerds von der Universität zusammen. Wobei anzumerken ist, dass die Nerd-Dichte an der Fachhochschule viel geringer ist als die an der Universität. Was wohl damit zusammenhängt, dass die meisten FHler nach einer Ausbildung studieren – und nicht direkt nach dem Abitur. Sie wissen dann schon, wie man sich – und wie man sich nicht – in einem Betrieb benehmen sollte.

Universitäts-Nerds geben nämlich gerne mit ihrem Wissen an und lassen alle Welt wissen, dass sie etwas Besseres sind (nicht alle sind so, aber es gibt einige Individuen, die das geradezu olympisch betreiben). Selbst FHler sind nicht würdig, dem Universitäts-Nerd etwas zu erklären – obwohl viele es handwerklich einfach besser draufhaben. Einen Herd anschließen? Ausgebildete Fachkräfte der

Elektrotechnik könnten das besser ... aber die Universitäts-Nerds wollen immer und mit aller Gewalt beweisen, dass die schlauer, geschickter ... einfach besser sind. Da kommt es dann auch einmal vor, dass unbenutzte Stromkabel nicht VDE-ordnungsgerecht verlegt, sondern irgendwie mit Panzertape verklebt werden, um sie aus dem Weg zu kriegen. Mit Panzertape und Sekundenkleber kann man ja bekanntlich alles reparieren ...

Es ist ein Zweikampf, der nicht nur zwischen den Institutionen, sondern auch zwischen den Studenten ausgefochten wird. Praxis gegen Theorie. Reine Mathematik und Simulationen gegen handwerkliche Messtechnik. Dabei haben diese Felder so viel miteinander zu tun wie ein Zebra mit einem Pferd. Beide haben zwar vier Beine und futtern das Gleiche, doch versucht man, auf dem Zebra zu reiten, bekommt man schnell einen leuchtenden Pferdekuss.

So ist das mit Theorie und Praxis.

Dabei ist es gerade die Ergänzung von beiden Disziplinen, die im späteren Berufsleben gefordert ist. Der Theoretiker arbeitet etwas aus und lässt vom Praktiker überprüfen, ob es auch tatsächlich funktioniert. Da sich aber niemand Schwächen eingestehen möchte, werden sich diese beiden speziellen Arten der Nerds immer wieder gegenseitig anknurren und anfeinden. Sie können halt nicht anders ...

Unix: Unix wurde in den Morgenstunden des 1. Januar 1970, nach einer wilden Silvesterparty, von einer Gruppe colatrunkener Hacker geschrieben. Zumindest vermutete man das fast, wenn man als Nicht-Nerd damit gearbeitet hatte. Unix ist ein Mehrbenutzer-Betriebssystem und wurde 1969 von Bell Laboratories zur Unterstützung der Softwareentwicklung entwickelt. 2005 wurde Unix von Sun Microsystems (den Machern von OpenOffice und Java-OS) aufgekauft. Als Konsequenz wandten sich zahlreiche Open-

Source-Projekte ab. Wie bei der Programmierung lässt sich Unix mit Befehlen steuern.

Beispiel:

Geplante Aktion	Unix-Befehl	Bewirkt Folgendes	Praktisches Beispiel
Speicherplatzverbrauch beziehungsweise -ressourcen anzeigen lassen	Df	Zeigt die Plattenbelegung einzelner Partitionen	df -H Es wird übersichtlich angezeigt, wie die Platten belegt sind
Verzeichnis anlegen	Mkdir	Neues Verzeichnis mit neuem Unterverzeichnissen anlegen	mkdir -p test/test2/test3 Legt gleichzeitig mehrere Verzeichnisse hintereinander an

Jeder Normalo sieht auf Anhieb, dass Unix total ... verständlich ist. Und auch Nerds lieben es, mit Unix ihren PC-Prozessor so richtig schön zum Qualmen zu bringen. Oder ihn einfach abstürzen zu lassen ...

V WIE ...

Verrückt nach Nerdstuff: Nerds sind nicht nur cool, sondern kennen auch die lustigsten, witzigsten und merkwürdigsten Spielzeuge (Videospiele exklusive), die nicht nur den Alltag ein bisschen bunter machen, sondern auch in jedem noch so versnobten Erwachsenen das Spielkind wecken.

So sind für einen Nerd nicht nur Geek-Shirts mit Aufdrucken von Superheldensymbolen, chemischen Formeln, der Evolution des Homo Geekensis, dem fliegenden Spaghettimonster oder HTML-Code wichtig, sondern auch cooles Spielzeug (und damit sind nicht nur Star Wars TIE Fighters oder USS Enterprise NCC-1701s aus Plüsch gemeint).

So gibt es den berühmten Bullshit Button (oder auch Panik-Knopf), Multi-Stimmverzerrer, iPhone-Raketenwerfer oder KI-Roboter-Bausätze, mit denen sich der Nerd den Alltag versüßt. Aber auch wissenschaftlich interessante und nützliche Dinge kommen zum Einsatz.

Hier ein paar Beispiele für wirklich cooles Nerd-Spielzeug, das auch dem ein oder anderen Normalo gefallen könnte:

> 😺 **Khet Laser Spiel:** Ein Strategiespiel mit integrierten Lasern. Ziel des Spiels ist es, mit Spiegeln den Laserstrahl auf eine bestimmte Figur des Gegners zu lenken.
>
> 😺 **Smart Putty:** Knete mit besonderen Eigenschaften, zum Beispiel Wegfließen oder Springen wie ein Flummi. Je nach Version leuchtet sie zusätzlich im Dunkeln oder wechselt ihre Farbe je nach Temperatur.

- **Ferrofluid:** Wer schon immer mal Magnetfelder nicht nur langweilig mit Eisenspänen nachweisen, sondern spektakulär in Szene setzen wollte, der sollte dieses kleine Geek-Gadget gut im Oberstübchen behalten.

- **Radiometer:** Auf den ersten Blick ähnelt das Radiometer einer aufrecht stehenden Glühbirne. Es leuchtet jedoch nicht, sondern dreht sich im Sonnen- oder Tageslicht wie von Geisterhand. In seinem Innern befindet sich ein kleines Flügelrad auf einer Nadelspitze. Je stärker das Licht ist, das auf diese Flügel fällt, desto schneller dreht sich der Rotor.

- **Levitron:** Ein frei in der Luft schwebender Kreisel über einer metallischen Plattform, der scheinbar den Gesetzen der Physik trotzt.

- **Schlüsselfinder:** Er findet in einem Umkreis von bis zu zehn Metern all die Gegenstände wieder, die man häufiger verlegt, wie zum Beispiel Schlüssel, Fernbedienungen oder Geldbörsen. Der Sender sendet auf Knopfdruck eine Tonfolge, auf die der Empfänger antwortet. Man muss dann nur noch den Pieptönen folgen, um das Verlegte zu finden.

- **2D-Brille:** Die Brillenrettung aller Kinogänger, die auf 3D mit Kopfschmerzen und Übelkeit reagieren.

- **Bildschirm-Schloss:** Das Schloss schützt den Rechner vor ungewünschten Zugriffen und Blicken. Dank eines Senders, der zum Beispiel an der Kleidung befestigt wird, wird der Bildschirm automatisch ausgeschaltet, sobald man sich von ihm entfernt. Bei der Rückkehr wird er, ebenfalls automatisch, wieder eingeschaltet.

> 🐱 **Anyloader:** Er verfügt über einen Hochleistungs-Akku (Lithium-Ionen-Akkus mit einer Kapazität von 1.100 mAh), der über zwei Solarpanels oder auch über einen USB-Anschluss aufgeladen werden kann. Sobald der Akku aufgeladen ist, kann der Anyloader seine Energie anderen Geräten via Adapter zur Verfügung stellen.

Wer jetzt noch keine Lust bekommen hat, den Geek in sich zu entdecken, dem kann die Autorin nicht mehr helfen. Allen anderen empfiehlt sie die Webseiten *ThinkGeek.com* und *getDigital.de*. Mehr und abgefahreneres Geek-Spielzeug gibt es nur noch auf Conventions!

W WIE ...

Warum liegt hier überhaupt Stroh rum?: Nerds sind für ihre Witze gleichermaßen bekannt wie gefürchtet – denn diese können haarsträubend bis staubig sein. »Warum liegt hier überhaupt Stroh rum?« hat jedoch eine andere Bedeutung: Es ist ein Pornodialog mit Kultstatus. Denn wenn es außer Laserschwertern, Bärchenwurst und Lemmingen noch etwas gibt, worauf Nerds und Geeks stehen, dann ist es ein wirklich grauenvoller Pornofilm mit passenden, sinnfreien Dialogen! (Der zum Zitat gehörige Film heißt: Achtzehneinhalb 18.)

Weltraum: Der Weltraum. Unendliche Weiten. (Circa 13,79 Milliarden Jahre alt, besitzt über den Daumen gepeilt 100 Milliarden Galaxien und ist um die minus 270 Grad Celsius kalt.) Nichts fasziniert den mondänen Nerd mehr als die Ansammlung heller Punkte, die wir nachts am Himmel beobachten können. Unser winziges Sonnensystem liegt dabei in einem der äußeren Arme unserer Milchstraße – umgeben von noch mehr Sonnensystemen, deren schiere Anzahl man sich auch mit noch so viel Fantasie nicht vorstellen kann. Doch nicht nur der Urknall (Big Bang) und die Unmengen von Galaxien, Galaxienarten, Sternenhaufen, Planetensystemen, Sternen, Monden, Sonnen, Asteroiden, Meteoriten und Staubpartikeln, die sich um unsere Milchstraße bewegen, haben es dem Nerd angetan. Es ist der Weltraum selbst. Die Ahnung, dass dort draußen mehr existiert, als wir es uns je zu träumen wagen.

Gene Roddenberry und George Lucas ebneten mit *Star Trek* und *Star Wars* nicht nur den Weg für Träume von fernen Sternen, sondern zündeten auch Ideen, wie man mit Technik den Weltraum erobern oder die Telekommunikation handlicher machen könnte (Tablets und E-Book-Reader als Kinder von *Star Trek: The Next Generation*). Roddenberry und Lucas erschufen mit ihren Ideen ihren eigenen Kult um den Weltraum. So wundert man sich kaum, wenn Astronauten aus dem luftleeren Raum mit den ehemaligen *Star Trek*-Stars twittern.

Der Weltraum. Unendliche Weiten. Wir schreiben das Jahr 2013. Dies sind die Tweets, die Science-Fiction-Nerds und SciFi-Geeks begeistern:

WikiLeaks: Jeder kennt Julian Assange (Chaos-Computer-Club-Mitglied, Initiator und treibende Kraft in einer Gruppe von fünf Personen und diversen Unterstützern beim Beginn des Projekts und der Registrierung der Domains wikileaks.org, wikileaks.cn und wikileaks.info) und weiß um die hochbrisanten Konflikte, die diese Enthüllungsplattform mit sich brachte.

Auf WikiLeaks werden Dokumente anonym veröffentlicht, die durch Geheimhaltung als Verschlusssache, Vertraulichkeit, Zensur oder auf sonstige Weise in ihrer Zugänglichkeit beschränkt sind. Allerdings sind WikiLeaks oder deren Gründer dabei nicht auf Profit aus, sondern setzen ein grundsätzliches öffentliches Interesse an den Informationen voraus. So kann es kommen, dass Sammlungen von Scientology-Berichten, Pläne des US-Geheimdienstes, Loveparade-2010-Planungsdokumente oder Dokumente über die Behandlung von Gefangenen in US-amerikanischen Militärgefängnissen und Gefangenenlagern plötzlich für alle Öffentlichkeit zugänglich im Word Wide Web stehen.

Ob die Arbeit von Assange und anderen beziehungsweise die Veröffentlichung von solchen geheimen Dokumenten zu verurteilen ist, muss jeder für sich selbst entscheiden. Denn jeder muss mit dem leben können, was er weiß – oder glaubt zu wissen.

Wikipedia: Ein weißer Ball von etwa drei Zentimetern Durchmesser mit komischen Buchstaben und einem Loch. Wikipedia, das heißt freier Zugang zu Informationen, um unsere Wissenslücken zu füllen. Aus diesem Grund ist der Ball auch aus Puzzleteilen zusammengesetzt. Am 15. Januar 2001 wurde Wikipedia gegründet und weiß so ziemlich alles, was die Welt bewegt.

Ziel von Wikipedia ist es, das gesamte Internet zu ersetzen und Lehrer an den Rand des Nervenzusammenbruchs zu treiben – denn ein altbekannter Spruch lautet: »Nutzt alle Quellen, aber nicht Wikipedia – man weiß nie, ob die Artikel richtig sind.«

In Wirklichkeit jedoch hat Wikipedia nicht nur Lehrern zu ihrem Abschluss verholfen, sondern auch so manch anderem Studenten dank Wissenschafts-*Limbo* die Hausarbeit gerettet. Denn auch bei den Artikeln von Wikipedia und den Moderatoren (Wikipedianern) der riesigen Wissensplattform gilt: Vertrauen ist gut, Kontrolle ist besser.

WLAN: Mittlerweile kennt und nutzt es jedes Kindergartenkind, aber tatsächlich gab es Menschen, denen man 1999 bei eBay WLAN-Kabel verkaufen konnte – und das noch nicht einmal für wenig Geld. Tatsächlich ist die Erfindung des WLAN wesentlich älter und geht auf das Frequency Hopping zurück, das, wie bereits an anderer Stelle erwähnt, 1942 von sexy Hedy Lamarr erfunden wurde.

World of Warcraft: Es ist das erfolgreichste der vielen Spiele, in denen es darum geht, dass übergewichtige, abgestürzte Existenzen virtuelle Drachen töten, um Erfahrung und Artefakte zu erhalten. Diese Artefakte dienen dann in der Regel dazu, noch größere virtuelle Drachen zu töten. Einmal in diesem Kreislauf gefangen, verbringen WoW-Spieler den gesamten Tag damit, zu Hause vor dem PC zu sitzen und sich Tränke und Reparaturkosten zu erslashen. So würden es jedenfalls Politiker oder die Super Nanny beschreiben. WoW ist jedoch wesentlich mehr als nur Sucht und Zeit, die massivst totgeschlagen wird. Eine digitale Subkultur ist entstanden. Nicht nur WoW, sondern alle MMORPGs haben auf ihre Weise Suchtpotenzial – das darf man nicht verheimlichen – jedoch ist nicht jeder Spieler gleich ein Fall für die anonyme Runde der Suchtopfer.

Mit *World of Warcraft* hat Blizzard nicht nur einen riesigen Hit gelandet, sondern auch ein Monster erschaffen – das kräftig durch immer mehr Erweiterungen gefüttert wird. Es ist ein Spiel, das nicht nur vom eigentlichen Spielen lebt, sondern von der Tiefe, die man seinem Charakter verleihen kann – durch besondere Artefakte, erweiterte Eigenschaften oder einen Clan (hier Gilde genannt), mit dem man sich regelmäßig digital auf einem Server treffen kann. Es ist eine Art digitale Parallelwelt, in der man einen Brief aus Hogwarts samt Kriegserklärung von Voldemort, Saruman und Sauron erhalten hat.

WoW spielt in der Fantasywelt Azeroth, die in die Kontinente Kalimdor, Östliche Königreiche, Nordend und Pandaria unterteilt ist. Auf diesen Kontinenten gibt es nicht nur eine Vielzahl von Wäldern, Sümpfen, Dörfern und Städten, sondern auch allerlei Wesen, die in zwei Kategorien unterteilt sind:

> **Horde:** Die Horde ist ein Zweckbündnis zwischen Orcs, Verlassenen, Tauren, Dunkelspeertrollen, Goblins, Houjin-Pandaren und Blutelfen.

> **Allianz:** Ein Bündnis der Menschen, Nachtelfen, Zwerge, Draerei, Worgen und Gnome.

Dabei kann jedes Wesen verschiedene Klassen erlernen, zum Beispiel: Druide, Hexenmeister, Jäger, Krieger, Priester, Schamane, Todesritter oder Mönch. Oder Berufe wie Angler, Schmied, Kräuterkundler, Ingenieur und so weiter. Es gibt insgesamt vier Erweiterungen für *Word of Warcraft* (*The Burning Crusade, Wrath of the Lich King, Cataclysm* und *Mists of Pandaria*) – und ein Ende ist nicht in Sicht!

Aber auch in den Medien ist *WoW* vertreten. In Werbespots treten bekannte Persönlichkeiten wie Steven Van Zandt, Jean-Claude Van Damme, Ozzy Osbourne, Smudo, Thomas D, Verne Troyer, William Shatner, Mr. T, Guillermo Toledo und sogar Chuck Norris himself auf. An wen diese Werbung speziell gerichtet ist, muss an dieser Stelle wohl nicht erwähnt werden.

2007 gewann die *South Park*-Folge *Make Love, Not Warcraft* sogar einen Emmy in der Kategorie »Zeichentricksendung«, und sogar ein 100-Millionen-Dollar-Film (eine Zusammenarbeit von Blizzard Entertainment mit Legendary Pictures) soll 2014 in die Kinos kommen. *WoW* wird uns noch lange begleiten.

X WIE ...

LaTeX: In Eigenschreibweise $\LaTeX$. Ein Softwarepaket, das die Benutzung des Textsatzprogramms TeX mit Hilfe von Makros vereinfacht – so zumindest die Theorie. In der Praxis soll es Diplomarbeiter gegeben haben, die vor dem PC mehr als nur eine Träne verdrückten, weil das Programm nicht nur Millionen von Errors und Warnings ausgab, sondern Text und Formatierungen auch zerschoss wie eine Schrotflinte einen Kanarienvogel. Und das nur wegen eines simplen Punkts oder einer falsch gesetzten Raute.

LaTeX ist – fragt man (die Autorin war so frei) Blogger, Autoren oder Journalisten wie Sascha Lobo – »absoluter Nerd-Mist«.

Und man muss dem guten Herrn Lobo recht geben: Es ist simply Nerdism – und ein bisschen masochistisch. Denn wer mit LaTeX schreiben möchte, sollte zumindest etwas Erfahrung mit Programmiersprachen haben ... und eine Engelsgeduld mitbringen.

Y WIE ...

YouTube: YouTube ist nicht nur für Musiker eine beliebte Anlaufstelle. Auch der Angry Video Game Nerd ist auf dieser Plattform zu Hause. Und er teilt sich Ruhm und Klicks wiederum mit ScreenTeam- Show (Musical-Pop-Parodien auf alles, was irgendwie geeky ist – von Gandalf bis Pokémon), Freddie Wong (der ganz oben in der Gaming-Nerd-Kette steht), brentalfloss (der pixelige Comedian, Musiker und Gamer) und last but not least Black Nerd Comedy (ein Adteen – Adult Teen –, der in jedem von uns das Kind weckt).

(Und nicht zu vergessen der Kultklassiker *Lord of the Weed* von Bloopack Entertainment ... Und nicht zu vergessen die Webserie *The Guild* – von der die Autorin (wegen Felicia Day) unglaublicher Fan ist ... Und nicht zu vergessen ... ...)

Yps: Seit März 2012 erscheint die Heftserie wieder vierteljährlich und ist an alle Leser gerichtet, die mit diesem Heftchen groß geworden sind. Denn Yps ist nicht einfach ein Heft, Yps ist ein Lebensgefühl. Ursprünglich als Jugendzeitschrift der kommunistischen Partei Frankreichs konzipiert, wurde das Heft mit Comics, naturwissenschaftlichen Themen, Bastelanleitungen und Gimmicks (Urzeitkrebse, Furzkissen, Figuren zum Selbstgießen, Mini-Treibhaus, Solar-Zeppelin et cetera) ausgestattet und erreichte so einen Rekord von über einer Million verkauften Heften – bisher unübertroffen (zum Vergleich: Das neue Yps erschien mit einer Startauflage von 150.000 Exemplaren).

Das Heft feiert sein Comeback! Hoffen wir, dass nicht nur alle 45-Jährigen das Heft kaufen, sondern dass es auch die jüngere (noch in den Kindergarten gehende) Generation Nerds erreicht.

Z WIE ...

Zauberpony: Die kleinen, bunten Schwestern des Einhorns sind nicht nur wegen ihrer glitzernden Farben so beliebt bei Nerd-Mädchen, sondern auch, weil sie die Einzigen sind, die bei einer Einhorn-Zombie-Apokalypse Schutz bieten können. Denn Zauberponys sind unbesiegbar!

Zombie-Apokalypse: Zombiefilme sind – zusammen mit Trash – eines der liebsten Filmgenres der Nerds (und der Musikgruppe Die Ärzte). Im Zombie Survival Guide heißt es: »Halte in den Nachrichten Ausschau nach ungewöhnlichen Ereignissen, die auf eine Zombie-Invasion hindeuten könnten.«[37] Das Buch ist zwar eher als Spaß anzusehen, aber schaut man sich die aktuellen Tagesnachrichten an, muss man unweigerlich daran denken. Ein paar Beispiele:

> In der McArthur High School (USA) musste ein Seuchenkommando ausrücken, weil zwölf Studenten und zwei Lehrkräfte einen unerklärlichen Ausschlag bekommen haben. (16.05.2012)

- In Westchester (USA) hat ein Mann eine 18-jährige Frau an den Hals gegriffen und in ihre Wange gebissen. (21.05.2012)

- Ein 21-jähriger Student der Morgan State University (USA) hat gestanden, das Gehirn und das Herz seines Mitbewohners verspeist zu haben. Man vermutet Drogen als Auslöser. (01.06.2012)[38]

Oder wie Die Ärzte schon sangen: »Wenn in der Hölle kein Platz mehr ist, kommen die Toten auf die Erde.« Es wird Zeit für einen *Zombie Survival Guide* in jedem Haushalt – oder ein privates Zauberpony.

11

DAS LEBEN HAT EINE GEILE GRAFIK!

Der römische Dichter Horaz wusste es schon: »Ein Scherz, ein lachendes Wort entscheidet über größte Dinge oft treffender und besser als Ernst und Schärfe.«

Und genau so soll dieses kleine Büchlein wahrgenommen werden. Quietschvergnüglich, etwas abgedreht, aber mit einem heiklen Kern, der in Politik und Gesellschaft gleichermaßen Beachtung findet. Die Rede ist vom allbekannten Facharbeitermangel. Arbeitgeber und Industrie beziffern den Fachkräftemangel im Bereich Mathematik, Informatik, Naturwissenschaften und Technik (kurz: MINT) auf circa 150.000 bis 200.000 Personen[39] – genau die Fächer, die einen sehr hohen Nerdfaktor haben.

Das hier wird jedoch kein Plädoyer für mehr Nerds, Geeks, Nerdines und Geek Girls in der Gesellschaft oder der Aufruf, Kinder hinter Computer zu sperren und die Schulen zu Genie-Werkstätten zu machen.

Nein.

Auch die Einführung einer Frauen-Quote an MINT-Instituten schießt am Thema vorbei. Das ist nicht Sinn dieses Abschlusskapitels.

Dies hier ist einfach der Aufruf, sich in Sensibilität zu üben. Denn diese Sonderlinge, die sich stur auf ihr Herzensthema fokussieren, sind für Meilensteine der Menschheitsgeschichte verantwortlich – wie etwa die Relativitätstheorie, das Word Wide Web oder MS-DOS. Nerds haben mit ihren Erfindungen und Erkenntnissen die Menschheit und ihre Geschichte stärker beeinflusst, als wir es uns vorstellen können. Wie sähe das heutige Leben ohne Mobiltelefon, Internet oder gar Strom aus?

Unsexy, langweilig und verschroben – das Image der Nerds. Tagein, tagaus hantieren sie mit Dingen, die außer ihnen keiner versteht. Doch ohne diese Fachgenies wären wir um einige Zivilisationsstufen ärmer. Und das Leben hat eine zu geile Grafik, als dass wir uns dem Verschrobenen verschließen sollten.

QUIZ

DER NERD-O-MAT: WIE NERDIG BIST DU?

Moralisch ist, wer Moralisches tut. Und normal ist jeder, der Normales tut. Aber was ist normal? Wer definiert, was normal, was verschroben und was cool ist? Sind technisches Wissen oder eine Eins in Physik uncool?

Dieser (nicht ganz ernst gemeinte) Test zeigt, wie nerdig du bist und ob dir eine Karriere als Geek oder Nerd bevorsteht – wenn du es zulässt. Und Hand aufs Herz: Sind wir nicht alle ein bisschen nerdy?!

1. Frage: Würdest du dich um dein Betriebssystem streiten?

a.) Für mich gibt es nur Linux – das einzig Wahre. [2]
b.) Der kalte Systemkrieg ist vorbei, Freund! [1]
c.) Was ist ein Betriebssystem? [3]

2. Frage: Wie viele verschiedene Tetris-Bausteine gibt es?

a.) 7 [2]
b.) 6 [1]
c.) 5 [3]

3. Frage: Wie lautet der Name der ersten Firma von Peter Molyneux?

a.) Bullfrog [2]
b.) Sega [1]
c.) Cauldron [3]

4. Frage: Fühlst du dich unwohl, wenn du statt deines Screensavers die freie Natur vor dir siehst?

a.) Ja, meine Netzhaut hat sich an das Neonlicht des Kellers gewöhnt. [3]
b.) Natur? Ohne mich! Ich bekomme bei Raupen und Käfern Panikzustände. [2]
c.) Natur finde ich prima, und mit Photoshop kann man auch aus Landschaftsaufnahmen Kunstwerke machen. [1]

5. Frage: Nenne die drei Regeln zur ordentlichen Gremlin-Pflege.

a.) Nicht nach Mitternacht füttern, kein Wasser, kein rohes Fleisch. [3]
b.) Nicht nach Mitternacht füttern, kein Wasser, kein Feuer. [1]
c.) Nicht nach Mitternacht füttern, kein Wasser, kein Sonnenlicht. [2]

6. Frage: Wie heißen die gelben Reitfedervciecher aus *Final Fantasy*?

a.) Cocobo [1]
b.) Chobobo [2]
c.) Chocobo [3]

7. Frage: Wie heißen das Pferd beziehungsweise das Gewehr von Marshall Bravestarr?

a.) Fourty-Fourty und Susi-Jean [1]
b.) Thirty-Thirty und Sarah-Jane [2]
c.) Fourty-Thirty und Sandy-Jinn [3]

8. Frage: Bist du öfter auf LAN- als auf normalen Partys?

a.) Bei mir gibt es nur LAN-Partys. [2]
b.) LAN? Das heißt doch so viel wie »Alter!« auf Türkisch. [1]
c.) Ich spiele mit Freunden lieber real als virtuell. [2]

9. Frage: Dr. Henry Walton Jones, Jr. hat einen Spitznamen, wie lautet er?

a.) John-Boy Walton [1]
b.) Indiana Jones [2]
c.) Henry Deacon [3]

10. Frage: Wer ist das?

a.) Max Planck [2]
b.) James Maxwell [3]
c.) Johann Kepler [1]

11. Frage: Wofür steht das C in »E=mc² «?

a.) Lichtgeschwindigkeit [3]
b.) 2,99792458 x 10⁸ m/s [2]
c.) 2,99792458 x 10⁸ km/s [1]

12. Frage: Welche Taschenrechnermarke ist deine Lieblingsmarke?

a.) Texas Instruments [2]
b.) Casio [2]
c.) Ist mir egal, solange er richtig rechnet. [2]

13. Frage: Was davon ist keine Programmiersprache?

a.) Pascal [1]
b.) Assembly [2]
c.) Fortran [3]

14. Frage: Hast du illegale beziehungsweise gecrackte Programme auf deinem PC/Tablet/Smartphone (Jailbreaks gelten auch)?

a.) Nein [2]
b.) Vielleicht [2]
c.) Das ist illegal! [2]

15. Frage für Mädels: Wie heißen die Sailor-Krieger des inneren Sternensystems (Inner Senshi)?

a.) Sailor Moon, Sailor Merkur, Sailor Mars, Sailor Jupiter, Sailor Venus [2]
b.) Sailor Princess, Sailor Merkur, Sailor Mars, Sailor Jupiter, Sailor Venus [3]

c.) Sailor Moon, Sailor Snickers, Sailor Mars, Sailor Twix, Sailor V [1]

15. Frage für Jungs: Wann kann sich Son-Goku in einen Gorilla verwandeln und womit?

a.) Bei Sichelmond mit einem Gorillaschwanz [3]
b.) Bei Neumond mit einem Gorillaschwanz [1]
c.) Bei Vollmond mit einem Gorillaschwanz [2]

16. Frage: Hast du ein »Caution Biohazard«-Poster in deinem Zimmer?

a.) Ja [2]
b.) Nein [2]
c.) Warum sollte ich? [2]

17. Frage: Welchen Browser benutzt du?

a.) Internet Explorer [1]
b.) Firefox/Mozilla [1]
c.) Safari [1]

18. Frage: Was denkst du, welchen Nerd-Level du hast?

a.) Kein Nerd [1]
b.) Leicht nerdisch [2]
c.) König des Lexikons! [3]

19. Frage: Wofür steht »C-3PO«?

a.) Für einen Droiden. George Lucas hat C-3PO nach den Koordinaten eines Postamtes auf einer Straßenkarte benannt. [3]

b.) Für »Class 3 Protocol Operative«. [2]
c.) Was ist C-3PO überhaupt? [1]

20. Frage: Wirst du deinen Nerd-Faktor »Normalos« mitteilen?

a.) Klaro [1]
b.) Niemals [1]
c.) Nur, wenn sie fragen [1]

Ergebnis ~ 38 Punkte: Herzlich willkommen in der fabelhaften Welt der Nerds und Geeks! Du hast das Lexikon nicht gelesen, sondern verschlungen und verinnerlicht. Das elementare Wissen beherrschst du. Jetzt bist du bereit, in der Welt der Nerds und Geeks zu bestehen und dich mit ihnen zu unterhalten. Oder bist du gar schon selbst zu einem geworden?

Ergebnis > 22 Punkte: Facebook, Google+, MySpace und Twitter kennst du per Smartphone-Apps wie deine Westentasche, und im Urlaub checkst du regelmäßig Mails und Facebook. Du bist ein Kind des 21. Jahrhunderts und gehörst zur digitalen Bohème.

Ein richtiger Nerd bist du aber nicht, obwohl dein T-Shirt selbstironisch ist. Dafür bist auf dem besten Weg, ein waschechter Geek zu werden! Die nächste Übernachtungsschlange vor den Läden mit dem angebissenen Apfel gehört dir.

Ergebnis = 23: MÖP! Did you know … that you're missing tips files – Windows Error.

Der Computer ist deine Schreibmaschine, und über Facebook und Twitter kontrollierst du, was deine Freunde so treiben. Du liest Nachrichten im Internet, fährst aber lieber zu Treffen, statt zu skypen. Gibt dein Laptop einmal den Geist auf, schlurfst du am Keller deines Vertrauens vorbei, wo dein IT-Support 24/7 (immer) anzutreffen ist: Torsten. Torsten ist ein Nerd. Du leider nicht.

QUELLENVERZEICHNIS

Das Internet ist überall und macht nicht nur die Arbeit leichter, sondern vereinfacht auch die Recherchen des Autors. Man kann per Google Earth in vielen Orten der Welt spazieren gehen, sich nach Hotels erkundigen, lustige Memes finden oder sich über die geheimsten Riten verschwundener Kulturen informieren – und braucht dafür nicht einmal aus dem Haus zu gehen. Das Netz ist ein riesiger Spielplatz und ein Ort, an dem Wissen nicht nur gehortet, sondern auch geteilt wird. So kann ein Autor, der in Argentinien wohnt, ein Buch über einen Jungen aus Alaska schreiben, ohne jemals dort gewesen zu sein – und dennoch alle Gebräuche haarklein schildern.

Bücher zu schreiben ist einfacher geworden … besonders für einen Autor, der über nerdige Themen schreibt, beziehungsweise den Nerd selbst. Denn nirgendwo ist der Nerd so zu Hause wie im World Wide Web.

Hier hat die Autorin Facts und Trivia zu den im Buch behandelten Themen und dem Nerd an sich akkumuliert:

- *de.wikipedia.org*
- *www.wikihow.com/Tell-the-Difference-Between-Nerds-and-Geeks*
- *t3n.de*
- *www.nerdnacht.de/*
- *www.nerdsnacks.com/*
- *www.meinpraktikum.de/blog/post/23535692236/10-unglaubliche-bueros*
- *Nerd Attack!: Eine Geschichte der digitalen Welt vom C64 bis zu Twitter und Facebook – Ein SPIEGEL-Buch von Christian Stöcker (Deutsche Verlags-Anstalt; Auflage: 4 (29. August 2011); ISBN: 978-3421045096)*
- *www.urbandictionary.com/*

- *twitter.com/Cmdr_Hadfield*
- *www.glamour.de/stars/star-storys/prominente-nerd-frauen-nenn-mich-nerd*
- *www.seo-meets-content.de/tag/arbeit*
- *woerter.germanblogs.de/archive/2011/02/18/nerds-sind-auch-nicht-mehr-das-was-sie-mal-waren.htm*
- *www.single-generation.de/kritik/debatte_nerds.htm*
- *www.spiegel.de/karriere/berufsleben/frauen-in-der-it-die-ersten-programmierer-waren-weiblich-a-847609.html*
- *www.freitag.de/autoren/der-freitag/nerd-gegen-femi-nerd*
- *www.elitepartner.de/magazin/nerds-und-frauen.html*
- *www.nerd-zone.com*
- *swguide.chez.com/text/swfacts.htm*
- *de.wikipedia.org/wiki/Generation_Y*
- *www.wunderweib.de/liebeundlifestyle/lifestyle/bildergalerie-1066951-lifestyle/Grosse-Frauen-Die-erfolgreichsten-Erfinderinnen.html?i=1&scroll=336*
- *taschenhirn.de/wissenschaft/erfindungen/*
- *piratenkeks.de/2011/02/frauen-ihr-seid-keine-nerds/*
- *www.sueddeutsche.de/kultur/kulturgeschichte-der-generation-c-alte-hacker-verklaeren-sich-selbst-1.1223272*
- *www.spiegel.de/netzwelt/web/streit-um-internet-filter-die-generation-c64-schlaegt-zurueck-a-628017.html*
- *nerds.computernotizen.de/2012/08/22/nerdy-natives-nein/*
- *www.schulserver.hessen.de/gross-gerau/bs/bsgginfo/proj/foto_ag/Cosplay-Shooting-Beschreibung2.html*
- *www.gametrailers.com/shows/angry-video-game-nerd*
- *de.wikipedia.org/wiki/Angry_Video_Game_Nerd*
- *de.wikipedia.org/wiki/Anime*
- *www.spiegel.de/thema/anonymous/*
- *du-bist-anonymous.de/*
- *de.wikipedia.org/wiki/Isaac_Asimov*
- *www.coffee2watch.at/star_wars_10_fakten_uber_yoda*
- *4minuten.eu/2012/03/29/12-fakten-aus-star-wars-12-fakten/star-wars-trivia-03/*
- *www.planet-wissen.de/natur_technik/computer_und_roboter/roboter/portraet_isaac_asimov.jsp*

- www.spiegel.de/netzwelt/gadgets/augmented-reality-mein-handy-zeigt-etwas-was-du-nicht-siehst-a-639661.html
- www.golem.de/specials/augmented-reality/
- de.wikipedia.org/wiki/Battlestar_Galactica
- www.fernsehserien.de/battlestar-galactica
- de.battlestarwiki.org/wiki/Hauptseite
- www.netzwelt.de/software/betriebssystem.html
- www.ccc.de/
- www.computerwoche.de/k/cloud-computing,3454
- www.startnext.de/
- de.wikipedia.org/wiki/Crowdfunding
- de.wikipedia.org/wiki/Cthulhu-Mythos
- www.heise.de/newsticker/meldung/Bundeswehr-ruestet-sich-fuer-den-Cyber-Krieg-1859999.html
- de.dragonball.wikia.com/wiki/Dragonball_%28%C3%9Cbersicht%29
- www.fernsehserien.de/sailor-moon
- www.sailormoongerman.com/2012/07/neuer-sailor-moon-anime-in-2013.html
- de.wikipedia.org/wiki/Doctor_Who
- www.drwho.de/
- www.abkuerzungen.de/emoticons.php
- de.wikipedia.org/wiki/Emoticon
- www.serienjunkies.de/Firefly/
- en.wikipedia.org/wiki/Firefly_%28TV_series%29
- de.gameofthrones.wikia.com/wiki/Game_of_Thrones_Wiki
- www.gameone.de/
- www.newstrekker.com/archiv/gene_01.htm
- www.focus.de/digital/internet/internetgeschichte/
- www.focus.de/wissen/mensch/naturwissenschaften/tid-21174/durchbruch-mathematik-raetsel-geloest_aid_595416.html
- www.anhalter-lexikon.de/lexikon
- de.wikipedia.org/wiki/Spielkonsole
- stargate-project.de/stargate/
- www.moviepilot.de/news/44-fakten-zu-star-trek-122055
- www.moviepilot.de/news/die-faktenflut-alles-uber-hobbits-119447#

LÖSUNGEN QUIZ

- *Frage 1: Antwort beliebig*
- *Frage 2: a: 7 Steine*
- *Frage 3: a: Bullfrog*
- *Frage 4: Antwort beliebig*
- *Frage 5: a: Nicht nach Mitternacht füttern, kein Wasser, kein rohes Fleisch*
- *Frage 6: c: Chocobo*
- *Frage 7: b: Thirty-Thirty und Sarah-Jane*
- *Frage 8: Antwort beliebig*
- *Frage 9: b: Indiana Jones*
- *Frage 10: a: Max Planck*
- *Frage 11: a: Lichtgeschwindigkeit*
- *Frage 12: Antwort beliebig*
- *Frage 13: b: Assembly*
- *Frage 14: Antwort beliebig*
- *Frage 15: Mädels: a: Sailor Moon, Sailor Merkur, Sailor Mars, Sailor Jupiter, Sailor Venus;*
- *Frage 15: Jungs: c: Bei Vollmond mit einem Gorillaschwanz*
- *Frage 16: Antwort beliebig*
- *Frage 17: Antwort beliebig*
- *Frage 18: Antwort beliebig*
- *Frage 19: a: George Lucas hat C-3PO nach den Koordinaten eines Postamtes auf einer Straßenkarte benannt.*
- *Frage 20: Antwort beliebig*

ANMERKUNGEN

1 Zitiert nach de.wikipedia.org/wiki/Linus_Torvalds – Letzter Zugriff: 04.11.2013.
2 John Jurgensen: A Nerdy Comedy's Winning Formula, The Wallstreet Journal, 12.12. 2008.
3 »[...] I know a whole bunch of scientists just like them. I mean, eerily completely like them [...]«, Phil Plait: The Big Bang Theory, back on the air, Discover, 17.11. 2008.
4 Vgl. de.wikipedia.org/wiki/Geek – Letzter Zugriff: 04.11.2013.
5 Zitiert nach zoesaldanaonline.com/zoe/personal-quotes/ – Letzter Zugriff: 13.11.2013.
6 Zitiert nach www.spiegel.de/karriere/berufsleben/frauen-in-der-it-die-ersten-programmierer-waren-weiblich-a-847609.html – Letzter Zugriff: 04.11.2013.
7 Vgl. www.dailydot.com/business/female-engineer-ads-linkedin-toptal/ – Zitiert nach www.spiegel.de/karriere/berufsleben/toptal-und-linkedin-sexismus-im-silicon-valley-a-914906.html – Letzter Zugriff: 04.11.2013.
8 www.adelaidenow.com.au/business/companies/marissa-in-vogue-too-sexy-for-a-ceo/story-fni0d54v-1226699809698 – Letzter Zugriff: 11.11.2013.
9 Zitiert nach www.sueddeutsche.de/karriere/yahoo-chefin-mayer-gewagt-in-der-vogue-1.1749815 – Letzter Zugriff: 04.11.2013.
10 Zitiert nach www.contactmusic.com/story/seth-rogen-i-m-a-nerd-in-real-life_3739290 – Letzter Zugriff: 11.11.2013.
11 Vgl. www.independent.ie/entertainment/tv-radio/jack-gleeson-swaps-game-of-thrones-for-seat-of-learning-26843778.html – Letzter Zugriff: 11.11.2013.
12 Vgl. www.dailymail.co.uk/tvshowbiz/article-202462/Im-nerd-Hugh-hates-me.html – Letzter Zugriff: 11.11.2013.
13 Vgl. www.n-tv.de/technik/Teenager-bedrohen-die-Welt-article3853921.html – Zuletzt eingesehen: 05.11.2013.
14 Vgl. Isaac Asimov: Meine Freunde, die Roboter (Heyne Verlag, 1982), S. 67.
15 Eine wunderschön aufbereitete Liste mit Fotos der jeweiligen Heldin und ihrer Erfindung findet man hier: www.wunderweib.de/liebeundlifestyle/lifestyle/bildergalerie-1066951-lifestyle/Grosse-Frauen-Die-erfolgreichsten-Erfinderinnen.html – Letzter Zugriff: 22.10.2013.
16 Vgl. t3n.de/news/googles-kunterbunte-buros-hamburg-bildergalerie-349485/ – Letzter Zugriff: 22.10.2013.
17 Vgl. www.threerings.net/ – Letzter Zugriff: 22.10.2013.
18 Zitiert nach www.buzzfeed.com/ariellecalderon/this-crazy-cool-office-is-

basically-the-modern-wonka-factory – Letzter Zugriff 04.11.2013.

19 Aus der Präambel der Satzung des CCC. Vgl. www.ccc.de/de/satzung – Letzter Zugriff: 22.10.2013.

20 Noch mehr Witze über Chuck Norris findet man im Buch »The Truth About Chuck Norris: 400 facts about the World's Greatest Human«, erschienen im Gotham-Verlag.

21 Vgl. www.fuer-gruender.de/fileadmin/mediapool/Unsere_Studien/Crowd_funding_2012/Crowd_funding-Monitor_2012.pdf – Letzter Zugriff: 04.11.2013.

22 www.chip.de/bildergalerie/Die-besten-Easter-Eggs-Gut-versteckter-Software-Spass-Galerie_31219858.html – Letzter Zugriff: 28.10.2013.

23 Zitiert nach www.spiegel.de/netzwelt/web/25-jahre-seitwaerts-smiley-ich-bin-a-498428.html. Die Originalnachricht kann man hier einsehen: www.cs.cmu.edu/~sef/Orig-Smiley.htm – Letzter Zugriff: 28.10.2013.

24 Letzter Zugriff: 28.10.2013.

25 Mehr darüber nachzulesen auf dieser Website: www.heise.de/newsticker/meldung/Leben-wir-in-einer-Computersimulation-1767578.html – Letzter Zugriff: 30.10.2013.

26 Quellen: www.zeit.de/karriere/beruf/2013-02/mint-foerderung/seite-2 – www.spiegel.de/karriere/berufsleben/studie-trotz-fachkraeftemangels-keine-chance-fuer-mint-frauen-a-914507.html – www.bibb.de/de/56363.htm#jump13 – Letzter Zugriff 04.11.2013.

27 Vgl. www.computer-automation.de/berufkarriere/arbeitswelt/article/77362/0/Mehr_Frauen_in_MINT-Berufen/ – Letzter Zugriff: 28.10.2013.

28 Vgl. de.wikipedia.org/wiki/Hallo-Welt-Programm – Letzter Zugriff: 29.10.2013.

29 Vgl. www.internet4jurists.at/intern10a.htm – Letzter Zugriff: 04.11.2013.

30 Vgl. de.wikipedia.org/wiki/Manga – Letzter Zugriff 30.10.2013.

31 Hier öffentlich einsehbar: www.win.tue.nl/~gwoegi/P-versus-NP/Deolalikar.pdf – Letzter Zugriff: 05.11.2013.

32 Vgl. de.wikipedia.org/wiki/Nerdcore – Letzter Zugriff: 30.10.2013.

33 Aus dem Film »Per Anhalter durch die Galaxis«.

34 Aus dem Film »Per Anhalter durch die Galaxis«.

35 Daten und Fakten von Wikipedia: de.wikipedia.org/wiki/Spielkonsole – Letzter Zugriff: 31.10.2013.

36 Letzter Zugriff: 31.10.2013.

37 Max Brooks: Der Zombie Survival Guide: Überleben unter Untoten (Goldmann Verlag), S. 8.

38 Vgl. www.huffingtonpost.com/2012/05/16/mcarthur-high-school-contamination_n_1521764.html – Letzter Zugriff: 12.11.2013.

39 Quelle: Institut der deutschen Wirtschaft (IW)

Stefanie Mühlsteph, geboren 1987, ist eine Autorin mit vielen Talenten: 2006 wurde ihr Wettbewerbsbeitrag bei »Jugend forscht« als »beste physikalische Arbeit eines Mädchens« ausgezeichnet. Sie hat Elektro- und Informationstechnik studiert und arbeitet bei einem weltweit führenden Entwickler von Brems- und Sensorsystemen in der Automobilbranche. NERDIKON ist ihr erstes Sachbuch.

Stefanie Mühlsteph
NERDIKON
Die fabelhafte Welt der Geeks und Nerds

ISBN 978-3-86265-304-1
© Schwarzkopf & Schwarzkopf Verlag GmbH, Berlin 2013
Alle Rechte vorbehalten. Dieses Werk ist urheberrechtlich geschützt. Jede Verwendung, die über den Rahmen des Zitatrechtes bei korrekter und vollständiger Quellenangabe hinausgeht, ist honorarpflichtig und bedarf der schriftlichen Genehmigung des Verlages. | Coverfoto: © thinkstock.com | Dingbat-Font: »Tombats« von Tom Murphy | Illustrationen: Jana Moskito

KATALOG
Wir senden Ihnen gern kostenlos unseren Katalog.
Schwarzkopf & Schwarzkopf Verlag GmbH
Kastanienallee 32, 10435 Berlin
Telefon: 030 – 44 33 63 00
Fax: 030 – 44 33 63 044

INTERNET | E-MAIL
www.schwarzkopf-schwarzkopf.de
info@schwarzkopf-schwarzkopf.de